인간관계를 풍요롭게 하는

참 좋은 소통의 지혜

the wisdom of good communication

인간관계를 풍요롭게 하는

참 좋은
소통의 지혜

김옥림 지음

창작시대사

좀 더 풍요롭고 가치 있는 삶을 위하여

인간의 모든 삶은 소통으로 시작해서 소통으로 끝난다. 소통은 인간의 삶에 있어 혈맥과도 같다. 피가 잘 안 돌면 건강에 위협을 받아 생명에 지장을 초래하는 것처럼, 소통이 잘 안 되면 인간관계에 문제가 생겨 삶이 원활하지 않게 된다.

그렇다면 문제는 간단하다. 소통이 원활하게 잘 될 수 있도록 하면 된다. 그런데 여기서 한 가지 사람들이 흔히 갖는 오해를 짚고 넘어가야겠다. 그것은 바로 말을 잘하면 소통이 잘 이루어진다는 생각이다. 그러나 이는 잘못된 생각이다. 소통의 개념을 잘 모르기 때문에 생기는 오해이다.

'생각하는 바가 서로 통함.'

이는 소통의 '사전적 의미'이다. 이 말에서 알 수 있듯 소통은 인간관계에서 서로의 생각이, 서로의 관점이 막힘없이 잘 교류되는 것을 말한다. 그런데 단지 말만 잘한다고 해서 소통이 잘 이루어질 수 있을까? 아니다. 물론 말을 잘하면 좋다. 하지만 말을 잘하는 사람 중에도 타인과의 소통에 어려움을 겪는 사람들이 많다. 이는 진실이 통하지 않기 때문이다. 진정성이 없는 말은 아무리 유창하다고 해도 상대의 마음을 살 수 없다. 반면에 말은 잘 못하지만 타인과의 소통을 매끄럽게 잘 이어가는 사람들이 있다. 이는 진실이 잘 통하기 때문이다. 진정성은 진실한 마음, 진실한 행동에서 느끼는 것이지 말을 잘한다고 느끼는 것은 아니다.

소통을 잘하기 위해서는 어떻게 해야 할까.

첫째, 친절하게 행동하라. 친절은 사람들의 마음을 감화시킨다. 그래서 친절한 사람을 보면 기분이 좋다. 그의 좋은 에너지가 마음을 맑게 정화시켜 주기 때문이다.

둘째, 진정성을 보여라. 진정성은 진실한 마음이다. 진실한 마음은 누구에게도 통하는 법이다. 인간관계에서 진실만큼 중요한 것은 없다.

셋째, 먼저 다가가라. 소통을 원활하게 하기 위해서는 자신이 먼저 마음을 열고 다가가야 한다. 먼저 다가가면 관심을 보이는 게 사람의 심리이다. 자신의 열린 마음을 보여준다면 좋은 결과를 얻을 수 있다.

넷째, 상대를 배려하라. 배려심이 좋은 사람을 보면, 그가 누구든 거부감이 들지 않는다. 그런 사람과의 소통을 기분 좋게 생각한다. 배려는 넉넉한 마음에서 오는 따뜻함이다.

다섯째, 격려하라. 격려는 칭찬보다 강하다는 말이 있다. 무언가를 새롭게 시작하거나, 의기소침해 있을 때 따뜻한 마음으로 격려를 하면 큰 용기를 얻는다. 격려는 사람의 마음을 사는 좋은 소통 수단이다.

여섯째, 먼저 미소를 지어라. 웃는 얼굴이 가장 예쁘다는 말이 있다. 웃음은 향기로운 마음을 전해준다. 처음 보는 사람의 마음도 열게 하는 매혹적인 소통의 수단이다.

일곱째, 선물을 하라. 선물은 사람의 마음을 열게 하는 데 매우 효과적이다. 선물에는 그 사람의 정성이 담겨있다는 생각에서다. 상황에 따라 적절하게 선물을 이용한다면 상대의 마음을 얻는 데 큰 도움이 된다.

이상에서 보듯 타인과의 소통을 원활하게 하는 소통의 수단은 다양하다. 이 중에서 자신이 가장 잘 할 수 있는 것으로 소통을 하면 된다. 말을 잘해야 한다는 강박관념에서 벗어나라. 소통은 말이 아니라 자신의 진정성을 타인에게 각인시킴으로써 유기적인 관계로 이끄는 것이다.

"행동은 감정을 따르는 것처럼 보인다. 하지만 행동과 감정은 동시에 작용하는 것이다. 의지의 직접적인 지배를 받는 행동을 조정하면 우리는 의지에 직접적인 지배를 받지 않는 감정을 조절할 수 있을 것이다. 그러므로 밝은 사람이 되려면 먼저 밝은 사람처럼 행동해야 한다."

이는 미국의 탁월한 심리학자인 윌리엄 제임스William James의 말이다. 그의 말처럼 인간관계에서 원활한 소통을 하기 위해서는, 자신이 먼저 좋은 모습을 보이지 않으면 안 된다. 상대를 자신에게 끌어당기기 위해서는 자신이 먼저 상대에게 좋은 모습을 보임으로써 상대의 관심을 집중시켜야 한다. 그리고 그가 최대한 마음을 열고 다가올 수 있도록 행동해야 한다. 그렇게 되면 상대는 관심을 갖고 자신이 의도하는 대로 따라오게 된다. 그렇게 되었을 때 소통은 막힘없이 이루어져 서로가 서로에게 원하는 것을 얻게 됨으로써 만족한 인간관계를 이어갈 수 있는 것이다.

이 책에는 다양한 소통의 실제적인 예들이 곁에서 지켜보듯 생생하게 묘사되어 있다. 동서고금을 막론하고 세계적으로 널리 알려진 유명인들의 소통에 관한 이야기도 있고, 우리가 흔히 볼 수 있는 이웃들의 이야기를 비롯한 다양한 계층의 사람들 이야기가 마치 한 대목의 손바닥 소설을 읽는 듯한 재미와 즐거움을 느끼게 될 것이다.

지하철 안에서, 직장에서 점심시간을 이용해, 커피숍에서 연인을 기다리는 동안, 문득 책을 읽고 싶을 때, 깊이 생각하지 않아도 읽는 즉시 가슴에 와닿도록 쉽게 썼다.

이 책을 읽고 나면 진정한 소통이 무엇인지 잘 알게 됨으로써, 자신의 인생을 좀 더 풍요롭고 가치 있게 살아가게 될 것이다.

김옥림

contents

CHAPTER 2

가장 탁월한 지적인 대화, 경청

CHAPTER 3

변하지 않는 소통의 핵, 진정성

CHAPTER 4

소통의 골드카드, 친절

CHAPTER 5

사람을 변화시키는 마인드 칩, 칭찬

당신은 유머를 날릴 준비가 되어 있는가?

준비가 되어 있다면 좋겠지만 그렇지 않다면

유머를 날릴 수 있도록 준비하라.

유머는 당신의 소통을 부드럽게 해주는

'소통의 꽃'이다.

CHAPTER 1

마음을 열게 하는 소통의 꽃,
유머

나를 각인시키는 이미지의 힘

이미지는 인간관계에서 매우 중요하다. 특히, 첫인상은 그 사람의 전부를 가늠할 만큼 강력하다. 사람과의 만남에서 첫인상이 미치는 영향이 절대적이기 때문이다. 첫인상의 중요성에 대해 경영 컨설턴트이자 인간관계 전문가이며 《Yes를 끌어내는 설득의 심리학》의 저자인 레스 기블린Les Giblin은 이렇게 말했다.

"첫인상이 마지막 인상이 될 수도 있다. 첫인상이 좋으면 그다음부터는 사람들을 대하기가 쉽지만, 첫인상이 나쁘면 두 번째 만남에서 자신에 대한 인상을 바꾸기는 생각보다 어렵다."

사람들은 누구나 이런 말을 하곤 한다.

"저 사람 인상이 너무 좋더라구요. 한 마디로 처음 본 순간 뿅 갔지요."

"그 사람, 첫인상이 좋지 않더니 역시 밥맛이야."

첫인상이 사람과의 관계에서 미치는 영향이 얼마나 큰가를 알수 있다.

사람들의 첫인상은 짧게는 5초, 길어도 20초면 결정 난다. 이 짧은 시간 동안에 '저 사람은 사귀어도 괜찮겠어.' '저 사람은 가까이 안 하는 게 좋겠어.'라고 생각하게 된다.

이미지의 중요성을 잘 알게 하는 이야기이다.

존 F. 케네디_{John F. Kennedy}와 닉슨이 미국 35대 대통령 선거를 치를 때 일이다. 당시 대통령이었던 아이젠하워는 공화당 후보인 닉슨을 적극 지원하였다. 닉슨은 부통령으로 8년 동안이나 지내왔던 터라 정치 경험이 풍부하고 국제무대에도 친숙한 사람이었다. 그에 비해 존 F. 케네디는 민주당 후보로 국제적으로도 국내적으로도 영향력이 현저히 낮았다. 단지 나은 게 있다면 명문가인 케네디 가문이라는 것뿐이었다.

그런데 많은 핸디캡에도 불구하고 케네디가 국민들에게 자신을 알릴 수 있었던 것은 텔레비전에 출연해서 벌인 정책토론회에서였다.

"텔레비전 토론회, 그까짓 것 아무것도 아니야. 나에게는 식은 죽 먹기지."

닉슨은 텔레비전 정책토론회를 가볍게 여기고 원고를 대충 훑어보았을 뿐이었다. 반면 케네디는 비밀을 유지한 채 철저하게 대비하였다. 케네디가 얼마나 치밀한지 말의 속도, 억양, 몸동작, 손의 위치 등 놓치기 쉬운 작은 것 하나까지도 세심하게 챙겨 연습에 연습을 거듭하였다.

"이것만이 내가 닉슨을 이길 수 있는 유일한 방법이다."

케네디는 동생 에드워드 케네디에게 말했다.

"아주 좋은 생각이야. 나는 형이 반드시 이길 거라고 확신해."

동생 에드워드 케네디는 이렇게 말하며 형에게 용기를 주었다.

마침내 방송에 출연해 정책토론이 벌어졌다. 수많은 눈이 그들을 주시하고 있었지만, 케네디는 전혀 떨리는 기색이라곤 없었다. 오히려 즐기고 있었다. 자신이 연습한 대로 여유로운 몸짓과 세련된 말투, 게다가 깔끔한 의상과 핸섬한 외모는 그를 한층 더 돋보이게 했다. 그러나 닉슨은 달랐다. 조금은 덜 세련된 외모와 말투, 딱딱한 자세와 부자연스러운 모습은 보는 이들의 마음을 답답하게 했다.

"오우, 케네디 저 사람, 되게 말 잘한다! 세련된 저 멋진 포즈는 또 어떻고. 나는 케네디로 결정했어."

케네디를 보고 한눈에 반한 미국 국민들은 하나같이 이렇게 말하며 그에게 갖는 기대가 대단했다. 텔레비전 정책대결에서 완승한 케네디는 순식간에 미국의 '새로운 희망'으로 떠올랐다.

드디어 선거가 실시되었다. 그리고 선거 결과가 발표되었다.

"미국 제35대 대통령으로 민주당 존 F. 케네디 후보가 당선되었습니다."

선거관리 위원장의 말에 미국 전역이 들썩였다.

케네디는 열악한 조건에서도 자신만의 색깔 있는 이미지 연출로 당당하게 대통령에 당선된 것이다.

케네디의 경우에서 보듯 이미지는 매우 중요하다. 특히, 널리 알려지지 않은 사람에겐 더더욱 그러하다. 이미지가 주는 효과는 기대 이상이다. 이미지를 좋게 하기 위해서는 어떻게 해야 할까.

첫째, 온화한 얼굴로 부드럽게 말해야 한다. 상대로부터의 거부감을 줄이게 됨으로써 좋은 인상을 심어주게 된다.

둘째, 딱 부러지게 말하고 절도 있게 행동해야 한다. 상대에게 믿음을 주게 됨으로써 아름다운 인간관계 형성에 큰 도움을 준다.

셋째, 친절하게 사람들을 대해야 한다. 친절은 상대의 마음을 열게 하는 마인드 키로 친절한 사람은 누구나 좋아한다.

이미지는 개인뿐만 아니라 기업에도 절대적인 영향을 끼친다. 기업의 성패가 이미지에 달렸을 만큼 이미지는 기업 마케팅의 주요수단이다. 현대는 이미지 전쟁이라고 할 만큼 이미지는 중요한 소통의 수단이다. 자신이 원하는 것을 얻기 위해서는, 자신의 개성을 부각시키는 이미지 연출에 최선을 다해야 한다.

이미지는 '나'를 키우는 강력한 힘이다.＊

이미지는 소통이다

첫인상이 그 사람에게 미치는 영향은 아주 절대적이다. 사람들은 대개 이렇게 말한다.

"그 사람에게 끌린 이유는 바로 첫인상 때문이었지요."

이는 사람에게 첫인상이 미치는 영향이 얼마나 큰지를 함축적으로 말해준다. 인간관계에 있어 남녀관계든, 기업과 소비자 간이든, 스승과 제자 사이든 이미지는 매우 중요하게 작용한다.

지금은 이미지 경쟁 시대다. 스마트 폰, 트위터, 페이스북, 인터넷 등 다양한 매체로 인해 개인의 이미지를 얼마든지 부각시킬 수 있다. 어떤 여성은 몸짱으로 뜨기도 하고, 어떤 소년은 기타연주로 하루아침에 영재로 부각했다.

자신이 원하는 것을 얻고 싶다면 이미지를 적극 활용하라.

이미지는 소통이다.

자신을 낮추는 것은
자신을 높이는 일이다

●

강과 바다가 모든 시내의 왕이 될 수 있는 것은 낮은 곳에서 온갖 흐름을 다 받아들이기 때문이다.
이와 마찬가지로 지도자가 되려는 사람은 반드시 자기를 낮추는 법을 배워야 한다.
—《도덕경道德經》

영국의 제46대 수상을 지낸 해롤드 맥밀란Harold Macmillan은 수상 직에서 물러난 후, 어느 날 전차 정류장에서 전차를 기다리고 있었다, 그런데 그때 한 소년이 다가왔다. 맥밀란은 소년과 이야기를 하게 되었다. 이런저런 얘기 끝에 소년이 물었다.

"아저씨, 이름이 뭐예요?"

"난 맥밀란이란다."

"네에? 맥밀란이면 수상하고 이름이 똑같은데……."

"그렇지. 내가 바로 얼마 전까지만 해도 수상이었거든."

"저, 정말요?"

"그렇단다."

"와! 수상 아저씨를 다 만나다니."

소년은 신기한 듯이 말했고, 갑자기 궁금증이 일었다.

"저, 근데 왜 전차를 타고 다니세요?"

소년은 수상이 왜 전차를 타고 다니느냐고 물었다.

"수상일 때는 바쁘니까 좋은 차를 타고 다녔지. 하지만 지금은 평범한 시민이거든. 그래서 전차를 타고 다닌단다."

맥밀란은 이렇게 말하며 소년의 머리를 쓰다듬었다.

소년은 어린 나이에도 그의 말에 깊은 감명을 받았다. 어린 소년의 눈에도 그가 정말 훌륭하게 비쳐졌던 것이다.

맥밀란 같은 사람이야말로 진정으로 큰사람이다. 그는 자신을 겸손히 함으로써 국민들에게 존경을 받았다.

"시대를 움직이는 것은 사상이 아니라 인격의 힘이다."

오스카 와일드의 말이다.

맥밀란이 성공한 수상이 될 수 있었던 것은 국민과의 소통을 중요하게 여기고, 자신을 한껏 낮추어 국민을 대했기 때문이다.

자신을 낮추는 것은 자신을 비굴하게 하는 것이 아니라 높이는 일이다. 자신을 낮추는 자에겐 적이 없다.

자신을 낮추기 위해서는 어떻게 해야 할까?

첫째, 자신이 먼저 상대를 높여주어라.

둘째, 자신이 먼저 배려하라.

셋째, 자신이 먼저 다가가라.

넷째, 자신이 먼저 양보하라.

이 네 가지 방법을 꾸준히 실천한다면 자연스럽게, 자신을 낮춤으로써 훌륭한 인격자로 '소통의 귀재'가 될 수 있다.

겸양지덕謙讓之德이란 말이 있다. '겸손할 줄 알고 사양할 줄 아는 아름다운 행실을 지녀라.'라는 뜻으로 겸손은 곧 아름다운 행실을 말한다.

소통의 진정성은 겸손함에 있다. 겸손한 자세로 진정성 있게 말하고 행동한다면 소통의 단절로 인한 불이익을 막을 수 있고, 자신의 뜻을 관철하는 데 있어 별 무리가 없다.

막힘없는 소통으로 자신의 인생을 풍요롭게 하는 지혜로운 내가 되어야겠다.＊

자신을 낮추는 예의의 소통

사람을 존경하는 이유는 그 사람의 돈도 아니고, 학력도 아니고, 권력도 아니고, 잘생긴 외모도 아니다.

그 사람이 어떤 가치관을 지녔는가, 또 사람들과의 관계를 어떤 식으로 맺는가에 따라서 그 사람을 존경하게 된다. 특히, 사람을 대하는 겸손한 자세는 매우 중요하다. 겸손한 자세는 예의 있게 비쳐지고 인품이 뛰어나다는 생각을 갖게 한다.

막힘없는 소통을 위해서라면 겸손하게 행동하고 자신을 낮춰야 한다. 겸손은 참 좋은 소통 수단이다.

겸손한 자세를 길러라.

사람은 누구나 자신을 낮추는 자에게 호감을 갖는 법이다.

상대를 감동시키는
아름다운 선행

●

선행이란 다른 사람들에게 무언가를 베푸는 것이 아니라, 자신의 의무를 다하는 것이다.
— 임마누엘 칸트

미국 필라델피아의 어느 지방 산골에 자그마한 호텔이 있었다. 그곳은 널리 알려지지 않았지만, 경치가 좋아 그곳을 아는 사람들은 자주 찾아오곤 했다.

비가 몹시 내리는 어느 날이었다. 비에 흠뻑 젖은 노부부가 호텔 문을 열고 들어왔다. 시간은 이미 자정을 지나고 있었다.

"어서 오세요."

젊은 남자 직원이 친절하게 맞아주었다.

"방 좀 주구려."

노신사가 말했다.

"저, 어떡하지요? 방이 다 나갔는데요."

젊은 남자 직원의 말에 노신사는 상심한 얼굴로 말했다.

"그, 그래요. 이것 참 큰일이구먼."

"정말, 죄송합니다."

"할 수 없지요."

젊은 남자 직원의 말에 노신사는 이렇게 말하며 현관문 쪽으로 걸어갔다. 막 문을 열려고 하던 차에 젊은 남자 직원이 말했다.

"저 손님, 잠깐만요."

젊은 남자 직원의 말에 노부부는 뒤를 돌아보았다.

"무슨 일이오?"

"저, 누추하지만 제가 쓰는 방이 있는데, 괜찮으시다면 묵어가십시오."

"그, 그래요?"

"네."

"그럼 오늘 하루 신세 좀 집시다."

조금 전 시무룩했던 노신사는 반색하며 말했다.

"저, 이리로 오시지요."

젊은 남자 직원은 노부부를 자신의 방으로 안내했다. 그리고는 방을 깨끗하게 청소한 후 잠자리를 살펴주었다.

노부부는 매우 만족해하며 잠자리에 들었다.

다음 날 아침 자리에서 일어난 노신사는 호텔을 떠나며 말했다.

"이 호텔은 당신이 일하기에는 너무 협소하군요. 당신을 위해 호텔을 지어야겠소."

그로부터 2년이 지난 어느 날 젊은 남자 직원에게 편지가 왔다. 편지 속에는 비행기 표와 초청장이 들어 있었다.

'누, 누가 이걸 보냈지?'

젊은 남자 직원은 이렇게 생각하며 초청장에 적힌 주소로 찾아갔다. 그가 도착한 곳엔 으리으리한 호텔이 우뚝 서 있었다.

"세, 세상에, 이렇게나 크고 멋진 호텔이 있다니."

젊은 남자 직원은 크고 멋진 호텔을 보고 감탄하며 말했다.

이윽고 호텔 오픈식이 시작되었다. 젊은 남자 직원은 자리에 앉아 오픈식을 바라보았다. 그런데 바로 그때 호텔 오픈식에서 인사말을 하는 노신사를 보게 되었다.

"어, 저분은 2년 전 그 노신사 아냐?"

젊은 남자 직원은 이렇게 중얼거리며 고개를 갸우뚱했다.

인사말을 마친 노신사가 말했다.

"나는 이 호텔을 어떤 젊은이에게 맡기려고 합니다. 그는 이 호텔을 누구보다도 잘 경영하리라 믿기 때문입니다."

노신사는 이렇게 말하며 젊은 남자 직원을 자리에서 일어나게 했다. 그러자 여기저기서 우레와 같은 박수가 터져 나왔다.

젊은 남자 직원은 너무도 감격스러워 말을 할 수가 없었다. 자신을 위해 호텔을 지었다니, 또 경영권을 자신에게 맡긴다니 이는 맨정신으로는 도저히 이해할 수 없는 일이었다.

하지만 그것은 엄연한 사실이었다.

젊은 남자 직원은 호텔 사장으로 크게 성공하였다.

노신사는 미국의 유명한 월도프 아스토리아 호텔의 회장인 윌리엄 월도프 아스토리아William Waldorf Astoria이며, 젊은이의 이름은 조지 C.볼트이다. 그가 성공할 수 있었던 것은 자기 본분에 최선을 다했기 때문이다. 그의 몸에 밴 선행이 노부부를 감동하게 했고, 호텔 경영권을 손에 넣는 축복이 되었다. 이들의 인연은 너무도 아름다워 한 편의 감동적인 드라마를 보는 것 같다.

사람은 누구나 언제 어떻게 될지 모른다. 또 언제 누구를 만나게 될지도 모른다. 항상 누굴 만나든 간에 선하게 대하는 것이 좋다. 선을 행하는 사람은 사람들에게 깊은 인상을 심어준다. 그래서 선을 행하는 사람을 잊지 못한다.

산골 조그만 호텔 말단 직원에서 대도시 특급호텔 사장이 된 젊은이는 작은 선행으로 성공적인 인생이 되었다.

여기서 분명히 할 것이 있다.

선행은 하루아침에 할 수 없다는 것이다. 몸에 배지 않으면 할 수 없는 게 선행이다. 선행하기 위해서는 언제나 착하게 말하고 행동해야 한다. 꾸준히 그렇게 하다 보면 몸에 배어 습관이 된다. 습관이 되었을 때라야 자연스럽게 선을 행하게 되는 것이다.

산골 호텔 젊은 직원의 선행은 평소에 그가 누구에게나 늘 하던 행동이었다. 좀 더 부연해서 말하면 자신이 원하는 것은 얻기 위해 계략적으로 하지 않았다는 것이다.

선행은 바로 그런 거다. 매사에 착하게 말하고 행동하라. 삶은 이런 사람에게 행복한 인생을 선물한다.*

착한 행위는 덕을 쌓는 소통이다

"착한 태도로 사람들에게 끼친 즐거움은 다시 돌아오며, 가끔은 덤까지 가지고 온다."

이는 영국의 세계적인 경제학자 애덤 스미스의 말이다.
선행을 베풀면 그 대가가 반드시 돌아온다. 우리는 삶에서 이런 경우를 자주 경험하지만, 잊고 살기 때문에 잘 모를 뿐이다.
선행은 사람의 마음을 따뜻하게 해주고, 감동을 주며, 기쁨을 주는 소통의 마인드이다. 그래서 착한 사람 주변에는 좋은 사람들이 많다.
선행도 습관에서 온다.
작은 선행도 꾸준히 하다 보면 몸에 배게 되고, 선행을 베풀고 있는 자신을 발견하게 될 것이다.

마음의 교감에서 오는
간절한 꿈의 소통

간절히 바라면 온 우주가 도와준다.
— 파울로 코엘료

꿈이 있는 사람의 눈은 새벽 별처럼 빛나고, 얼굴엔 언제나 화색이 돈다. 꿈은 생성의 에너지며 보이지 않는 것에 대한 확신이다. 꿈을 간직하고 노력하는 자에게는 반드시 그를 도와주려는 손들이 있다. 이는 꿈은 꿈으로 서로 통하기 때문인데 나는 이를 '꿈의 소통'이라고 정의한다.

자신의 인생을 성공적으로 이뤄낸 이들에겐 그들이 꿈을 이루는 데 힘이 되어준 사람들이 있다. 멘토는 꿈의 소통에 절대적인 사람이다.

헨리포드는 토머스 에디슨처럼 되고 싶었다. 에디슨의 일거수일투족을 헨리포드는 자신의 꿈을 이루는 데 필요한 에너지로 여겼다. 그렇게 함으로써 꿈의 소통을 이루고 에디슨에 버금가는 인생이 될 수 있었다.

꿈의 소통은 마음과 마음, 이상과 이상이 보이지 않는 교감에 의해 이루어진다. 그러기 때문에 자신이 간절한 마음으로 기도하고 실행에 옮긴다면 분명 자신의 꿈을 이룰 수 있다.

미국 미네소타 주에 한 소년이 있었다. 소년은 공부에는 관심을 보이질 않았다. 그 결과 학업성적은 늘 바닥을 쳤다. 친구들도 그를 바보처럼 여겼다. 소년의 자신감은 최악이었고, 어느 누구와도 대화 없이 지냈다. 친구에게 말을 걸고 싶었지만 친구들이 무시할까 봐 너무 두려웠기 때문이다.

'나는 왜 이렇게 의지가 약할까. 무엇하나 내 맘대로 하는 게 없어. 난 어떻게 해야 할까. 내가 생각해도 앞이 보이질 않는구나.'

소년은 늘 이렇게 생각하며 자신을 못난이라고 스스로 질책하곤 했다.

그러나 그의 마음 한구석엔 희미하나마 작은 희망의 빛이 자라고 있었다. 그는 그림 그리기를 참 좋아했다. 그는 늘 그림을 그렸고, 화가가 되는 꿈을 품고 있었다.

'그래, 그림을 그려보자. 죽을 만큼 열심히 그린다면 내게도 희망은 찾아올 거야.'

이렇게 생각하는 소년의 입가에는 미소가 살포시 번져났다.

그날 이후 소년은 그림 그리기에 열중했다. 그림을 그릴 때만큼은 자신이 이 세상에서 가장 행복했다. 그렇게 시간은 흘렀고, 소년은 어느덧 고등학교를 졸업하게 되었다.

소년은 졸업을 앞두고 졸업 앨범을 만드는 사람들에게 만화 몇 컷을 그려서 보냈다. 하지만 그의 만화는 채택되지 못하고 되돌아왔다.

고등학교를 마친 소년은 자신이 무척이나 존경하고 닮고 싶어 하는 월트디즈니 사무실에 편지를 써서 보냈다. 자신이 그림을 그려서 보내고 싶은데 그래도 괜찮겠냐고 물어본 것이다. 그러자 월트디즈니 관계자는 그림 콘셉트를 정해 보냈다. 소년은 기분 좋은 얼굴을 하며 그림을 그려 보냈다. 그러나 안타깝게도 그의 그림은 채택되지 않았다.

그러나 소년은 그림을 포기하지 않았다. 소년은 직접 자신의 이야기를 만화로 그리기 시작했다. 모든 게 부족했던 자신의 어린 시절을 테마로 한 만화였다. 만화 주인공은 찰스 브라운이었다. 그가 그린 만화가 사람들에게 선을 보이게 되었다. 소년의 가슴은 두근거렸다. 사람들이 어떻게 봐줄까 하는 게 가장 큰 관건이었기 때문이었다. 그런데 놀라운 일이 벌어졌다. 그의 만화가 사람들의 마음을 사로잡은 것이다. 그는 스누피, 라이너스 등의 캐릭터를 만화에 등장시켜 만화로 재탄생시켰다. 그 결과 그는 일약 유명한 만화가가 되었다. 그의 이름은 바로 찰스 슐츠Charles Schulz이다.

그가 그처럼 유명한 만화가가 될 것이라고는 아무도 생각하지 못했다. 그 역시 마찬가지였다. 그런데 스스로도 믿기지 않는 성공

30

한 인물이 된 것이다.

성공한 사람의 꿈은 사람들에게 꿈을 길러주는 소통의 비타민이다. 성공한 사람들의 이야기를 많이 읽는다는 것은 그만큼 그들과 자신이 꿈의 소통을 한다는 것을 의미한다. 이 세상에는 혼자 잘나서 잘된 사람들은 하나도 없다. 그들 역시 그들에게 꿈의 소통을 이루게 해준 멘토나 존경하는 인물이 있었다. 그들과의 꿈의 소통을 통해 최선을 다한 끝에 자신이 원하는 것을 얻을 수 있었던 것이다.

위대한 인물들의 평전이나 전기문은 특급 꿈의 소통 도구이다. 자신이 진정으로 원하는 것을 얻고 싶다면 책을 읽어라. 책 속에서 길을 물어보라. 그러면 분명 해답을 얻게 될 것이다.

또한 자신이 꿈의 소통으로 삼고 싶은 사람이 있다면, 어떤 방법을 써서라도 그에게 꿈을 이루는 비결을 전수 받아라. 그것이 꿈의 소통이며, 확실하게 꿈을 이룰 수 있는 비법이다.

단 하나 명심할 것은 자신의 진정성을 보여주어야 한다. 그렇지 않으면 그는 결코 당신과의 꿈의 소통을 원치 않을 것이다.

꿈을 이루고 싶다면 꿈을 이룬 자들과 꿈을 소통하라.*

존경하는 이의 마음을 사는 법

자신이 존경하는 사람은 가장 훌륭한 꿈의 메신저이다. 꿈의 메신저의 마음을 산다는 것은 쉽지 않다. 그들의 마음을 사는 데는 확실한 그 무엇이 있어야 한다.

다음은 존경하는 이의 마음을 사는 방법이다.

첫째, 자신의 진정성을 보여주어라. 진정성은 존경하는 이의 마음을 사는 가장 확실한 방법이다.

둘째, 꿈의 소통이 이루어지도록 많이 읽고 가슴에 새겨라. 노력하지 않는 자는 결코 그의 마음을 살 수 없다.

셋째, 그에 대해 정중한 예의를 갖추고 대하라. 정중한 예의는 존경심을 뜻하는 것이므로 그의 마음을 사기에 조금도 부족함이 없다.

넷째, 경거망동하지 말고 심사숙고하는 모습을 보여라. 신중함은 존경하는 이에게 믿음을 주는 좋은 자세이다.

삶의 등불이 되는
가르침의 소통

가르친다는 것은 반은 자기가 배우는 것이다.
가르치는 자는 가르침으로써 자기가 알지 못했던 것을 알게 된다.
—《서경書經》

세상에서 가장 뜻있고 아름다운 일 중 하나가 가르침을 주는 것이다. 누군가를 가르치는 일은 종교처럼 엄숙하고, 장미처럼 향기로우며, 희망을 선물하는 값지고 멋진 소통의 등불이다.

공자는 일찍이 군자삼락君子三樂 ; 군자는 세 가지 즐거움이 있는데 부모님이 생존해 계시고 형제가 무고한 것이 첫 번째 즐거움이고, 하늘을 우러르고 땅을 굽어살펴 부끄러움이 없는 것이 두 번째 즐거움이며, 천하에 재주 있는 이들을 가르치는 것이 세 번째 즐거움임을 이르는 말에서 가르침에 대한 가치와 즐거움을 이야기하였다.

가르침은 하늘의 뜻을 알게 하고, 인간의 도리를 깨닫게 하는 가장 숭고한 일이다.

조선 시대 대학자였던 퇴계 이황.

그는 어린 시절 부친의 작고로 어머니 슬하에서 자라났다. 가난한 살림살이에도 어머니의 가르침을 받들어 독학으로 학문을 익혔다.

비가 오나, 눈이 오나, 바람이 부나 그의 방에서는 글 읽는 소리가 멈추는 법이 없었다. 하도 공부에 전념하는 바람에 몸이 수척해질 정도였다.

"애야, 쉬엄쉬엄 하거라. 그러다 몸 상할라."

어머니는 아들이 걱정되어 이렇게 말하곤 했다. 그러면 이황은 이렇게 말했다.

"어머니, 다른 사람들은 스승을 두고 공부를 하지만 저는 저 혼자 하는 까닭에 더욱 힘써야 그들을 따라갈 수 있습니다. 제 걱정하시는 마음 잘 알겠습니다. 하지만 너무 염려하지 마세요."

이황의 말에서 그가 얼마나 배움에 목말라 하는지를 잘 알 수 있다.

이황은 혼자 쌓은 학문의 실력으로 성균관에 들어가 공부를 하고, 중종 23년에 진사가 되고, 이듬해 식년문과에 급제하였다.

그 후 그는 형조좌랑, 대사성, 공조참판, 예조판서, 우찬성, 양관대제학을 끝으로 벼슬길에서 손을 놓았다. 조정에서는 그가 임금과 백성을 위해 더 큰 일을 해주길 기대했으나 그의 생각은 다른 곳에 있었다. 그는 후학을 양성하는 일에 뜻을 품고 있었던 것이다. 좋은 제자들을 길러내 벼슬길에 나서게 한다면 그 또한 벼슬을 하는 것 이상으로 뜻깊은 일이라 여겼던 것이다.

이황은 류성룡, 김성일을 비롯한 수많은 제자를 길러내며 가르치는 일에서 삶의 기쁨을 누렸다. 그가 70세 나이로 세상과의 연을 다했을 때 조선 천지 온 사방에서 그의 제자들이 몰려들어 스승에 대한 예를 다했다고 한다. 선조는 그를 영의정에 제수하고 그의 충절을 높이 인정하였다.

가르치는 일은 무지의 인간에게 깨우침을 주는 아름다운 일이다.

자신이 인간다운 삶을 살고, 삶에서 충만한 기쁨을 얻길 원한다면 숭고한 가르침의 소통을 소중히 해야 한다. 배움에는 끝이 없는 까닭에 가르침 또한 끝이 없다.

책을 손에서 놓지 말라. 책을 쥐고 있는 손은 그가 남자든 여자든 나이가 많든 적든 하나같이 멋져 보이고 아름답다.

누군가에게 가르침을 주는 사람은 가르치는 일을 소중히 여기고, 가르침을 받는 자는 그 또한 소중히 해야 한다. 가르침을 통한 소통이 제대로 이루어질 때 자신의 인생은 물론 이 사회도 더욱 아름답게 변화하는 것이다.

모든 인생은 가르침에서 왔고, 그 가르침으로 인생을 간다. 가르침의 소통을 중요히 하는 당신이 돼라.＊

가르침, 그 아름다운 품격

'배우지 않는 자를 경계하라'는 말이 있다. 이는 배움의 소중함을 단적으로 알게 한다. 그렇다면 가르치는 일은 어떠한가.

당연히 귀하고 엄숙한 일이다. 누구의 인생이든 가르침에서 오고, 가르침에 따라 살아가는 것이기 때문이다.

"더러워서 선생 못 해 먹겠어. 그만두든지 해야지."

요즘 교사들이 흔히 하는 말이다. 그만큼 가르치는 일이 힘들고 벅차다는 것이다. 물론 가르치는 일은 힘들다. 그런데 이들이 힘들어하는 것은 가르치는 일보다 학생들의 태도에 있다. 교사에게 주먹을 휘두르고, 욕을 하고, 인격을 모독하는 등, 해서는 안 될 일에 비분강개하는 것이다.

가르침의 소통이 잘 이루어지지 않는 까닭이다. 가르침의 소통은 인생을 바꾸는 일이다. 가르침을 주는 자와 특히 가르침을 받는 자는 이를 각별히 명심하고 자신의 역할에 성의를 다해야 한다.

상대의 마음을
끌어당기기

타인의 마음을 이해하는 일에는 요령이 있다.
누구를 대하든 상대를 높여주고 자신이 아랫사람이 되는 것이다.
그러면 저절로 겸손해지고 이로써 상대방에게 좋은 인상을 준다.
그리고 상대는 마음을 열고 다가온다.
— 괴테 _괴테

　상대를 높여주는 일에 매우 인색한 사람들이 있다. 상대를 높여
주는 데는 돈도 들지 않고, 명예가 손상되지도 않는다. 그런데도
이상하게 남을 높여주는 일에 인색하다. 상대를 높여주는 것은 진
실로 아름다운 행위이다.

　"이거 참 멋진 그림이군요. 이처럼 멋진 그림을 직접 그렸다니
참 대단하십니다."

　"당신 노래는 정말 좋군요. 당신의 목소리는 너무 감미로워 나도
모르게 눈을 감고 깊이 몰입하게 했답니다."

　"음식 솜씨가 보통이 아니시군요. 이처럼 좋은 솜씨를 갖고 있으
니 남편분이 참 행복하시겠군요."

이 세 가지 유형의 말을 당신은 어떻게 생각하는가?

낯간지럽다고 생각하는가, 아니면 참 듣기 좋다는 생각이 드는지 묻고 싶다. 이에 대해 두 가지 대답이 나올 것이다. 첫째는 "나는 낯간지러워서 그런 말은 죽어도 못해."라고 말하는 쪽과 "듣기 좋은 말은 자주 하는 게 좋아. 듣는 사람도 좋고, 하는 사람도 좋고."라고 말하는 쪽이다.

당신은 어느 쪽인가? 전자인가 후자인가?

그동안 만났던 사람들의 반응을 보면 낯간지러워서 이런 말을 잘 못한다는 사람들이 의외로 많았다. 가만히 그 원인을 살펴보니 그건 평소의 습관에 있었다. 어렸을 때부터 남을 높여주는 말에 길들여지지 않았던 것이다. 즉, 습관의 문제가 크다는 거다.

그렇다면 이제부터라도 낯간지러움은 떨쳐버려야 한다.

앤드류 카네기Andrew Carnegie는 천성적으로 탁월한 소통 능력을 타고난 사람이다. 그가 어린 시절 어떠했는지를 잘 알게 해주는 이야기를 보자.

카네기가 기르던 토끼가 여러 마리의 새끼를 낳았다. 그러자 먹이가 부족했다. 그런데 이때 카네기의 머리가 번쩍하며 빛났다. 그것은 친구들에게 먹이 구하는 일을 맡기는 것이었다.

"얘들아, 우리 집에 아기토끼가 참 많단다. 우리 같이 토끼를 키우지 않을래?"

친구를 모아 놓고 카네기가 말했다.

"어떻게 같이 길러. 우리 토끼도 아닌데?"

친구가 입을 실룩대며 말했다.

"너희가 풀을 뜯어다 주는 거야. 그러면 내가 토끼에게 너희 이름을 붙여 주면 되잖아."

카네기가 웃으며 말했다.

"맞다. 그러면 되겠다. 내가 풀을 뜯어준 토끼는 내 이름을 따 제임스라고 하면 되고, 네가 뜯어다 준 토끼는 지미라고 하면 되잖아."

한 친구가 으스대며 말했다.

"그렇지. 바로 그거야. 너희들은 이해력이 참 빠르구나."

카네기는 친구들을 한껏 치켜세워 주었다.

아이들은 자신들을 높여주는 카네기의 말에 저마다 경쟁적으로 풀을 뜯어다 주었다. 그 덕분에 토끼는 무럭무럭 잘 자랐다.

카네기는 상대방의 기분을 좋게 하고 마음을 사는 일에 아주 탁월했다. 이런 카네기의 처세술은 어른이 되어 더욱 빛을 발했다.

그는 사람들의 마음을 사는 일에 아주 능숙해서 그의 말 한마디면 사람들이 그에게 빠져들었다. 그가 사람들의 마음을 사는 비결을 몇 가지 보자.

"토니 씨, 당신은 오늘 더욱 멋지군요. 멋진 당신을 보니 기분이 참 좋군요."

"힐러리 씨, 나는 당신의 능력이 뛰어난 줄 알았지만, 오늘은 더 실감이 나는데요."

"라이스 씨, 이 일은 당신이 최적이라는 생각이 드는군요. 당신이라면 누구보다도 이 일을 훌륭하게 해낼 겁니다."

자, 이런 말을 듣고 기분 좋아하지 않을 사람 없을 것이다.

카네기는 매사가 이런 식으로 상대방의 기분을 높여주었고, 기분이 좋아진 그들은 하나 같이 자신의 일처럼 최선을 다했다. 그 결과 그의 회사는 날로 성장했고, 세계 최고의 철강 회사가 될 수 있었다.

상대방의 마음을 사는 일은 어렵지 않다. 자신의 생각을 조금만 바꾸면 된다. 물론 자신의 생각을 바꾸지 않는 한 어려운 일이 될 수도 있지만, 마음만 먹으면 식은 죽 먹기보다도 쉬운 일이다.

인간관계에서 좋은 결과를 낳고 싶은가. 그렇다면 상대의 마음을 사는 일에 열중하라. 상대의 마음을 사는 일처럼 바람직한 소통은 없다.＊

상대의 마음을 사는 지혜

상대방이 자신에게 관심을 갖고 소통하기를 원한다면 먼저 상대방의 마음을 사야 한다. 돈 들이지 않고 쉽게 상대의 마음을 사는 데는 상대의 기분을 맞춰주는 것보다 좋은 것이 없다.

"오늘은 내가 본 당신의 모습 중 가장 멋지군요."

"나는 당신을 보면 언제나 기분이 좋습니다. 당신은 사람을 기분 좋게 하는 매력이 출중하군요."

이런 한 마디 말이면 충분히 상대를 자기에게 맞출 수 있다.

사람은 누구나 자신을 높여주고 자신의 기분을 살려주는 자에게 관심을 갖는다. 그런 사람은 함께하는 것만으로도 기분이 좋아지기 때문이다.

상대를 기분 좋게 하라.

그것이 소통을 원활하게 하는 최적의 비법이다.

마음을 열게 하는
소통의 꽃, 유머

유머는 일을 유쾌하게 하도록 하고,
인간과의 교제를 명랑하게 하도록 하고, 가정을 밝게 만든다.
—데일 카네기

유머는 처음 본 사람과의 관계를 부드럽게 해주고, 나아가 사람
들과의 사이를 유기적으로 이끌어 주는 '소통의 꽃'이라고 할 수
있다. 또한 지혜를 기르는 '마인드 뱅크'라고도 할 수 있다.

"울어도 눈물이 나오고 웃어도 눈물이 나온다. 그러나 웃어서 나
오는 눈물은 눈이 빨개지는 법이 없다."
"조크는 지성의 숫돌이다."

이는 《탈무드》에 나오는 말이다. 인간의 삶에서 유머가 왜 필요
한지를 함축적으로 잘 보여주는 말이다.

유머가 인간관계에 미치는 영향은 대단히 크다. 그래서일까, 유머를 잘 날리는 사람이 소통을 더 잘한다.

"내게 최대의 학교는 조크였다. 세상 사람들은 룰만 믿어서는 안 된다. 그 룰에 매여 있어서는 그 룰을 바꿀만한 새로운 룰을 만들어 낼 수 없기 때문이다."

이 말은 20세기의 최고 물리학자인 아인슈타인이 한 말이다. 그는 유머 감각이 매우 탁월해 주변 사람들을 즐겁게 했다고 한다. 우리가 잘 알고 있는 프로이트, 에디슨, 헨리 키신저는 유머 감각이 매우 뛰어나 언제나 사람들의 시선을 한몸에 받았다고 한다.

유머가 인간관계에 어떤 효과를 주는지 잘 알게 하는 이야기이다.

미국의 성공한 대통령으로서 2선^{40대,41대}을 역임한 로널드 레이건_{Ronald Reagan}은 안정적인 경제력을 바탕으로 강한 미국을 표방하여 미국 국민들로부터 존경을 한몸에 받은 행복한 대통령이었다.

레이건은 영화배우 출신답게 잘생긴 외모에 환한 미소, 그리고 빼어난 유머 감각으로 참모를 비롯한 주변 사람들을 사로잡았다.

레이건이 어느 모임에서 한 연설이다.

"캘리포니아 주지사 시절, 나는 미국을 대표하는 자격으로 여러 차례 멕시코를 방문했습니다. 한 번은 상당히 많은 청중 앞에서 연설할 때였습니다. 연설을 끝내고 자리에 앉았는데 박수 소리가 신통치 않았습니다. 그래서 조금 당황이 되었습니다. 사실 나는 자의식이 강한 사람인데 좀 기분이 묘했습니다. 그런데 나를 더 당황스럽게 하는 일이 생겼습니다. 나 다음으로 연설을 하는 사람은 스페인어를 구사하였는데, 말이 끝날 때마다 크게 박수를 보내는 것이었습니다. 그래서 나는 당황한 내 모습을 감추기 위해 더 열렬하게 박수를 쳐댔습니다. 그런데 잠시 후 우리나라 대사가 내게 소리 낮춰 말했습니다. '내가 당신이라면 그렇게 박수를 치지는 않을 겁니다. 저 사람은 지금 당신의 연설을 통역하고 있으니까요.'라고 말하는 거였습니다. 어찌나 내 모습이 우스꽝스런지, 그때를 생각하면 내가 나를 생각해도 웃기는 촌놈이었지요."

레이건의 말이 끝나기도 전에 청중들은 큰소리로 웃으며 박수를 쳐댔다. 생각해보라, 얼마나 웃기는 얘기인가. 보통 사람들 같으면 자신의 어리바리함이 들통날까 봐 숨기기에 급급할 텐데, 그는 자신의 어리바리함을 기탄없이 드러내며 청중들의 마음을 재밌게 해준 것이다.

여기서 분명히 해야 할 것은 그렇다고 해서 사람들이 레이건을 우습게 여겼다는 것이 아니라는 것이다. 도리어 그의 꾸밈없는 소탈함과 진정성에 더더욱 그를 존경하고 좋아했다는 사실이다.

이러한 솔직함과 유머 감각이 그를 친근한 이웃집 멋쟁이 할아버지 같이 여기게 했다는 것은 매우 센스 있는 '소통의 기술'인 것이다. 그렇게 함으로써 국민들에게 신뢰를 주고, 자신의 위치를 더욱 확고하게 다져 2선의 대통령이 되었다. 그처럼 국민들로부터 사랑을 받은 대통령은 손가락에 꼽을 정도다. 그만큼 그는 국가를 잘 이끈 성공한 대통령이었다.

왜 우리나라에는 레이건 같은 멋진 대통령이 없는 것일까.

가만히 생각해보면 우리나라 사람들의 특성이 유머에 약하다는 것을 알 수 있다. 유머를 날리면 가벼워 보인다는 말 같지도 않은 생각에서 자제하기 때문일 것이다. 그러나 이제는 바뀌어야 한다. 국민들을 향해 멋진 조크를 날리는 대통령이 되어야 한다. 그래야 국제무대에서도 통하는 힘 있는 대통령이 될 수 있다.

유머가 인간관계에 미치는 영향에 대해 알아보자.

첫째, 긴장감을 풀어줌으로써 인간관계를 부드럽게 해준다.
둘째, 처음 본 사람도 친근감을 느끼게 한다.
셋째, 상대에게 흥미를 갖게 만든다.
넷째, 악의가 없는 사람이라는 인식을 심어준다.
다섯째, 부담 없이 함께해도 좋을 사람이라는 생각을 갖게 한다.

이상에서 보듯 유머는 인간관계를 부드럽게 이어주는 소통의 수단이다.

언젠가 20대 여성들에게 '자신의 남편감으로 어떤 사람이 좋은

가?'라는 설문조사가 있었는데 '유머 있는 남자'라는 문항이 다수를 차지했다.

이를 보더라도 유머는 더 이상 소곤대며 할 게 아니다. 많은 사람들 앞에서 당당하게 날려야 한다. 그것이 유머의 가치며 자신의 존재를 부각시키는 계기가 되어줄 것이기 때문이다.

당신은 유머를 날릴 준비가 되어 있는가?

준비가 되어 있다면 좋겠지만 그렇지 않다면 유머를 날릴 수 있도록 준비하라. 유머는 당신의 소통을 부드럽게 해주는 '소통의 꽃'이다.*

소통의 꽃 유머, 유머를 길러라

유머를 잘 날리는 사람은 분위기를 활기차게 만든다.
분위기를 주도하는 분위기 메이커이기 때문이다. 이런 사람
은 어디를 가든 환영을 받는다. 그와 같이 있으면 즐겁기 때
문이다.

성공한 사람 중엔 유머가 뛰어난 사람들이 많다. 뛰어난 유
머로 사람들과 친밀한 관계를 유지하며 자신의 인생을 활짝
꽃피운 것이다.

유머를 잘해 뺨 맞는 법은 없다. 기분 좋은 박수를 받을 뿐
이다. 그만큼 유머는 인간관계에서 매우 중요한 소통의 수
단이다.

자신을 한 번 가만히 생각해보라. 내가 소통을 잘하는 사람
인가, 아니면 소통에 문제가 있는가를. 만일 소통에 문제가
있다면 하루빨리 문제를 개선해야 한다. 그렇지 않으면 인
간관계가 원만치 않아 남에게 뒤처지게 된다.

소통의 문제를 해결하는 비책으로 유머 감각을 길러라. 유
머가 자신을 새롭게 변화시켜줄 것이다.

포드의 성공 요인,
타인의 입장에서 생각하기

●

성공의 비결이 있다면 그것은 남의 입장에 설 줄 아는 지혜이다.
그리고 자신의 입장처럼 남의 입장을 이해한 다음, 매사를 객관적으로 처리하는 것이다.
— 헨리 포드

포드자동차의 창업주 헨리 포드Henry Ford는 혁신적이고 개혁적인 소통의 마인드로 성공한 대표적인 인물 가운데 하나다.

그는 가난한 집안으로 인해 공부도 별로 하지 못했다. 그는 공장 직공으로 주어진 일에 성실하게 일했다. 그러는 가운데 그의 가슴 속엔 자동차를 만들어야겠다는 꿈이 불타고 있었다. 어린 시절부터 호기심으로 똘똘 뭉쳐진 그는 자신의 꿈을 실현시키기 위해 회사 일이 끝나면 자동차 만드는 일에 골몰하였다. 가진 공구는 변변하지 않았지만, 그는 밤을 새워가며 쿵쾅대며 자동차 연구에 몰두하였다. 소음으로 인해 마을 사람들에게 욕을 먹기도 했지만, 그의 열정을 높이 평가하였다.

그는 피나는 노력 끝에 멋진 자동차를 만들어 냈다. 그가 만든 차는 자동차 경주에서 엄청난 스피드를 내며 우승하였다. 이 소식은 삽시간에 퍼졌고, 포드가 설립하는 자동차 회사에 서로 돈을 대겠다고 아우성쳤다.

드디어 디트로이트에 포드 이름을 딴 자동차 회사가 설립되었다. 그 후 포드자동차는 승승장구하며 크게 도약하였다. 그리고 미국을 대표하는 세계적인 자동차 회사가 되었다.

포드가 성공할 수 있었던 요인은 무엇이었을까?

우선 포드는 자신이 하고자 하는 일은 반드시 해내고야 마는 강한 의지의 소유자였다. 그에겐 불가능이란 없었다. 또한 그는 새로운 아이디어로 무장하기 위해 늘 탐구하고 노력하였다.

포드는 회사를 경영하는 데 있어 합리적이고 체계적인 경영방식으로 기획과 조직 관리에 있어 탁월한 성과를 이루어 냈다. 특히 대량 생산을 위한 조립라인 방식의 채택은 놀라운 혁신이었다.

또한 근로자들에 대한 처우 문제에도 그 당시로는 획기적인 노동정책을 펼쳤는데, 최저임금 일급 5달러에 1일 8시간 근무를 시행하였다. 뿐만 아니라 마케팅 전략에도 뛰어난 실력을 발휘하였는데, 가격 인하로 판매량을 늘려 생산성을 높이는 전략을 쓴 것이다.

이러한 그의 경영전략은 놀라운 성과를 이루어 냈고, 미국뿐만 아니라 전 세계적으로 주목받는 인물이 되었다. 포드자동차는 미국 최대의 자동차 회사로 군림하며 미국 경제를 끌어올리는 데 크게 기여를 했다.

그러나 무엇보다도 포드가 위대한 인물이 될 수 있었던 것은 상대방의 장점을 보고, 상대방을 칭찬하고 격려하는 남다른 소통의 마인드가 있었기에 가능했다.

포드는 회사원들을 자신과 동등한 주체로 여긴 것이다. 즉 상하관계를 수직적으로 보지 않고 수평적관계로 본 것이다. 이러한 그의 경영철학은 지금도 획기적인 것으로 높이 평가받고 있다.

포드의 성공 요인을 보자.

첫째, 포드는 사원을 만나면 자신이 먼저 인사를 건넸다.

사장에게 먼저 인사를 받은 사원들은 매우 흡족한 얼굴을 했다. 생각해보라. 최고의 경영주가 일개 사원인 자신에게 먼저 인사를 건네는데 좋아하지 않을 수 있을지를. 격의 없는 포드의 인간미 넘치는 모습에 회사원들은 크게 매료되었던 것이다.

둘째, 사원들의 이름을 일일이 기억해주었다.

지금 우리 사회에서 기업을 경영하면서 자신의 회사원들의 이름을 기억해주는 경영주가 과연 얼마나 될까. 아마 모르긴 몰라도 흔치 않을 것이다. 더욱이 규모가 제법 큰 회사의 경영주라면 더더욱 그럴 것이다. 일개의 사원들은 경영주가 자신의 이름을 기억해주는 데 대해 크게 감동할 수밖에 없었을 것이다. 그만큼 사원들을 자기 가족처럼 아낀다는 의미이기 때문이다.

셋째, 근로자들의 입장에서 생각하였다.

포드는 사장이었지만 언제나 사원들 입장에서 생각하고 말했다. 앞에서도 언급했지만, 사원들이 일하는 데 불편한 일은 무엇일까, 임금은 적은 게 아닌지, 직원들이 회사에 바라는 것은 무엇인지를 그들의 편에서 살펴봄으로써 사원들의 공감을 샀던 것이다.

넷째, 상대방을 배려할 줄 알았다.

포드는 상대방의 마음을 읽을 줄 아는 탁월한 센스를 보였다. 그는 대학을 나온 사람이든 초등학교만 나온 사람이든 똑같은 입장에서 생각하였다.

포드는 학력 보다는 그 사람의 됨됨이와 능력을 보았던 것이다. 열심히 일할 능력은 있지만, 학력 때문에 고민하는 사람들에게 포드의 배려는 매우 획기적인 것이었고, 사원들에게 믿음을 주고 공감을 얻어내는 데 있어 매우 탁월한 소통의 수단이 되었다.

다섯째, 상대방의 단점보다는 장점을 보았다.

'키는 큰데 몸이 부실해 보이는구먼.'

'얼굴은 예쁘게 생겼는데 성깔깨나 있겠는데.'

'모든 게 다 괜찮은데 키가 작은 게 흠이군.'

이처럼 사람들은 대개 그 사람의 장점보다는 단점을 먼저 보려는 경향이 있다. 이러한 부정적인 태도는 소통에 있어 단절을 불러 일으키는 원인이 된다. 이를 잘 알았던 포드는 회사원 개개인의 장점을 찾아 칭찬하고 격려해 주었다. 이러한 그의 태도는 상대방의 기분을 좋게 해주고, 책임감을 갖고 일을 해나가는 데 힘이 되게 했다.

"성공의 비결이 있다면 그것은 남의 입장에 설 줄 아는 지혜이
다. 그리고 자신의 입장처럼 남의 입장을 이해한 다음 매사를 객관
적으로 처리하는 것이다."

헨리포드의 말이다.

아무리 재료가 좋아도 음식을 맛있게 만드는 요리 솜씨가 없거
나 부족하다면 그 음식은 먹어보나 마나다. 하지만 요리 솜씨가 뛰
어나다면 그 음식은 사람들의 입맛을 사로잡을 것이다.

포드가 성공적인 인생이 될 수 있었던 것은 그의 피나는 노력과
열정, 끊임없는 도전정신 그리고 번뜩이는 창의력에도 있지만, 무
엇보다도 직원들을 아끼고 존중하는 그의 따뜻한 인간애에 있었다.

그렇다. 아무리 뛰어난 실력과 강한 의지를 가졌더라도, 인간관
계가 매끄럽지 못하면 자신의 능력을 온전히 펼쳐 보이는 데 한계
에 부딪히게 된다. 그래서 반쪽짜리 성공을 하거나 그저 남보다 조
금 더 나은 삶을 살게 될 것이다.

포드는 막힘없는 소통의 마인드를 가졌기에 세계사에 길이 남는
성공적인 인물이 되었다.*

따뜻한 인간애를 기르기

요즘 사회를 한마디로 표현한다면 '소셜 네트워크 서비스 SNS'시대라고 할 수 있다. 인류 역사 이래 요즘처럼 다양한 소통 수단이 있었던 적은 단 한 번도 없었다. 하지만 아이러 니하게도 현대인들은 소통의 부재를 호소한다. 왜 그럴까. 그것은 인간과 인간 간에 호흡을 느끼는 소통이 아니라, 무 선으로 또는 유선으로 이루어지는 기계적인 소통이기 때문 이다.

기계적인 소통의 수단은 생활의 편리함을 주고 속도감을 높 여주었지만, 끈끈한 인간애를 빼앗아 가버렸다. 이것이 다 양한 소통의 수단이 넘치는 요즘 현대인들이 소통의 부재를 호소하는 이유이다.

포드가 탁월한 경영인이 될 수 있었던 것은 따뜻한 인간애 적인 열린 소통에 있었던 것이다.

인간관계를 그르치는 편견의 위험성

우리는 모두가 편견을 비난함에도 불구하고, 아직은 모두가 편견에 사로잡혀 있다.
— H. 스펜서

    편견은 인간관계를 그르치는 잘못된 시각이다. 키가 큰 사람은 싱겁다느니, 뚱뚱해서 아이를 낳기 힘들겠다느니, 눈이 찢어져서 성깔 꽤나 부리겠다느니 하는 등의 말은 편견의 위험성을 그대로 보여준다.

    이런 말들은 단지 속설일 뿐인데도 어떤 사람들은 마치 이를 진실인 양 왜곡하고는 한다. 이는 사람들이 만들어 낸 뜬금없는 이야기라는 사실을 간과해서는 안 될 것이다.

    지독한 편견에 빠지다 보면 소통에 있어 심각한 문제를 야기시키곤 한다. 그만큼 편견은 인간관계의 흐름을 가로막는 불신의 벽이다. 잘못된 편견은 반드시 고쳐야 한다. 그렇지 않는다면 소통하는 데 큰 약점으로 작용할 것이다.

《사람의 아들》의 소설가 이문열이 고향 영양을 떠나 서울에 올라와서 겪었던 일화이다.

그가 여인숙에서 숙박할 때이다. 혼자 방을 쓰는 것이 보편적인 일이지만 당시에는 가난한 사람들끼리 합숙을 하곤 했다.

한 소년이 그와 방을 쓰게 되었다. 소년은 매우 남루하였다. 이문열은 혹시라도 소년이 자신의 돈을 훔치지나 않을까 하여 조바심이 일었다. 그런데 갑자기 소년이 주머니에서 돈을 꺼내더니 세기 시작했다. 그리고는 돈주머니를 머리맡에 두고 자려고 했다. 그걸 보고 이문열이 말했다.

"애야, 돈을 머리맡에 놓고 자다 누가 가져가기라도 하면 어쩌려고?"

"누가 가져간다고 그래요? 이 방엔 나와 아저씨뿐인데."

소년의 말에 이문열은 머리를 크게 한 대 얻어맞은 듯 띵했다. 어린 소년도 남을 함부로 의심하지 않는데 소년을 믿지 못한 자신의 편견이 너무도 부끄러웠던 것이다.

이문열은 그 일이 있고부터 편견을 갖지 않도록 노력했다고 한다.

편견의 모순을 떨쳐버리기 위해서는 어떻게 해야 할까?

첫째, 선입견에 빠지지 말아야 한다. 선입견은 편견을 갖게 하는 부정적인 마인드이다.

둘째, 사람의 겉모습을 보지 말고 중심을 보아야 한다. 겉모습은 그냥 겉모습일 뿐 그 사람의 내면이 아니다.

셋째, 있는 그대로 상대를 바라보는 시각을 가져야 한다. 사람에게는 누구나 그 사람만의 장점이 있기 때문이다.

넷째, 남의 말을 듣고 그 사람을 판단하지 말아야 한다. 남의 말은 단지 남의 말일 뿐 자신의 중심으로 사람을 바라보아야 편견에 빠지지 않는다.

사람이 흔히 하는 실수 가운데 하나는 그 사람을 겪어보지도 않은 채 '그 사람이 어떨 것이다'라고 섣불리 판단하는 것이다.

편견은 지독한 모순이다. 지나친 편견은 소통을 가로막고 서로 간의 불신을 조장하는 '소통의 악'이다.

편견을 완전히 떨쳐버리기야 힘들겠지만, 떨쳐버리도록 해야 한다. 그렇게 될 때보다 인간관계에서 우위를 점하게 되고, 자신이 원하는 것을 얻을 수 있다.＊

인간관계에 부정적인 모순된 편견 버리기

어느 해 겨울 앙상한 겨울나무를 바라보던 중 문득 이런 생각을 하게 되었다. 앙상한 나뭇가지 사이에 걸쳐져 있는 까치집이 너무 위태롭게 보여 '까치집이 무너지지 않을까'하고 말이다.

그런데 겨울을 지나도록 거센 바람에도 아무 일도 없었다. 봄이 되자 까치는 새끼를 치기 시작했다.

내 생각은 편견에 불과했던 것이다.

인간의 관점에서 볼 때 엉성한 까치집은 위험해 보인다. 그러나 까치의 관점에서 볼 땐 전혀 위험하지 않다. 인간의 관점에서 본 내가 편견의 위험성에 빠져있었던 거다.

편견을 버리려면 색안경을 벗고 보아야 한다. 남의 말을 듣고 판단해서도 안 되고, 겉모습으로 그 사람을 판단해서는 더욱 안 된다.

또한 자신만의 부정적인 관점에서 보는 것도 버려야 한다. 이러한 태도가 지독한 모순인 편견을 갖게 하는 것이다.

외모로 판단은
절대 금물

사람은 그의 외모나, 습관으로 판단할 것이 아니라
그의 삶과 대화의 특성과 행함으로 판단해야 한다.
— 로저 르스트랜지

어떤 자동차영업소에 허름한 옷을 입은 사람이 찾아왔다. 하지만 사무실에 있던 직원들은 '설마 저런 사람이 차를 살까'하는 마음에 별다른 관심을 보이지 않았다.

그런데 그때 마침 볼일을 마치고 온 K대리가 그에게 다가가 친절하게 말을 건넸다.

"저, 여기 앉으시죠."

"아, 네. 고맙습니다."

남자는 엷은 미소를 지으며 자리에 앉았다,

"제가 설명해 드릴 테니 차를 사실 때 참고하시면 도움이 되실 겁니다."

K대리는 이렇게 말하며 차종별로 제원과 성능, 작동법을 친절하게 설명해 주었다. 남자는 그의 말에 웃음을 띤 채 열심히 경청했다. 설명이 끝나자 남자는 고맙다는 말을 몇 번이나 한 채 돌아갔다.

K대리는 문밖까지 나가 정중히 배웅하는 것도 잊지 않았다.

"어이, 뭐 그렇게까지 열을 내고 그래. 대충하지."

"그래도 어디 그래. 우리를 찾아온 고객인데."

"고객도 고객 나름이지. 척 보면 몰라? 차를 구매할 사람인지 아닌지를."

"설사 차를 구매 안 한다고 해도 영업소까지 찾아온 고객이잖아."

"아이고, 그래. 너, 잘났다."

동료 직원의 말에 K대리는 빙그레 웃었다.

그로부터 며칠 후 그 허름한 차림의 고객으로부터 전화가 왔다. 자동차를 계약하려고 하니 만나자는 전화였다. K대리는 반신반의하면서도 그를 만나러 갔다.

그가 일러준 빌딩으로 올라가 문을 열고 들어갔다. 안쪽 깊숙이 그가 앉아있는 모습이 눈에 띄었다.

"안녕하세요? 사장님."

"어서 와요. K대리."

그는 자리에서 일어나 친절하게 K대리를 맞아주었다.

K대리는 자리에 앉아 주위를 둘러보았다. 사무실이 고급스러운 인테리어로 깔끔하게 잘 정돈되어 있었다.

여직원이 내온 차를 마시고 나자 그가 말했다.

"지난번에 K대리에게 깊은 인상을 받았어요."

"무슨 말씀이신지요?"

K대리는 그의 말에 의아한 표정으로 말했다.

"내 차림새가 허름하고 얼굴 또한 얽다 보니 직원들이 생각하기를 나 같은 사람이 설마 차를 살까 하는 눈치였어요. 그래서인지 나에게 관심조차도 두지 않더군요. 사실 그때 많이 불쾌했지요. 그런데 K대리는 달랐어요. 날 보자마자 극진하게 대해주었고, 친절하게 설명해 주었지요. 그때 참 고마웠어요."

이렇게 말하는 그의 얼굴엔 K대리에 대한 고마움이 짙게 배어 있었다.

"무슨 말씀을요? 당연히 그렇게 해야지요. 저는 직원으로서 제 본분을 다한 것뿐입니다. 그런데 이렇게 과찬이시니 몸 둘 바를 모르겠습니다."

K대리는 이렇게 말하며 살며시 미소 지었다.

"K대리처럼 좋은 직원을 알게 돼서 기쁩니다."

그는 이렇게 말하며 택시회사를 새로 차리게 되었는데, 택시용 자동차 모두를 계약하겠다고 말했다.

그리고 자신이 탈 승용차와 앞으로도 모든 차는 K대리에게 구입하겠다고 했다.

"그게 저, 정말이십니까?"

K대리는 너무나 뜻밖의 말에 놀란 표정으로 되물었다.

"네. K대리의 친절한 마음에 대한 내 믿음의 표시라고 생각하세요."

"감사합니다, 사장님. 저에 대한 사장님의 믿음이 헛되지 않게 하겠습니다."

"그래요. 앞으로 잘 부탁합니다."

"부탁이라니요, 사장님. 그 말은 제가 드려야 할 말씀입니다."

"하하하, 피차 마찬가지지요."

사장은 이렇게 말하며 유쾌하게 웃었다.

K대리는 그와 만남에서 매우 중요한 사실을 깨닫게 되었다. 사람은 결코 외모로 판단해서는 안 된다는 것을.

K대리와 그와의 관계를 뒤늦게 알게 된 동료 직원들은 자신들의 무관심에 대해 가슴을 치고 통탄했지만, 이미 버스는 지나간 후였다.

K대리는 그해 지점은 물론 관할본부 전 직원 중에서 최우수 사원으로 선정되는 기쁨을 누렸다.

사람은 외모로 판단하면 안 된다. 겉모습이 반듯하고 번지르르한 사람 중엔 남을 등쳐먹는 사기꾼도 있고, 별 실속 없는 사람들도 많다. 하지만 외모가 좀 부족해도 그런 사람 중엔 속이 꽉 찬 매우 괜찮은 사람들도 많다. 그런데도 외모나 따지고 든다면 그것은 어리석은 짓에 지나지 않는다. 외모는 단지 그 사람의 겉모습에 불과할 뿐이다.

우리나라 속담에 '빛 좋은 개살구'라는 말이 있다.

빛 좋은 개살구보다는 빛은 좀 덜해도 맛 좋은 살구가 되어야
한다.

K대리의 친절한 말과 행동은 그에게 훌륭한 소통의 도구가 되었
고, 뜻밖의 행운을 안겨주었다.

단언하건대, 그 사람의 겉모습으로 절대 판단하지 말라. 그것
은 불통의 원인이 되어 자신에게 돌아올 축복도 날려버리게 될
것이다.*

그 사람의 중심을 보는 마음 기르기

사람은 외모로 판단할 것이 아니라, 그 사람 마음의 중심으로 판단해야 한다. 사람들 중엔 겉모습에 현혹되어 허황된 삶을 살고 있는 사람도 많고, 진실을 벗어나 왜곡된 길을 가는 사람들도 많다.

겉모습은 단지 겉에 드러난 껍데기에 불과할 뿐이다. 사람의 진정한 가치는 그 사람의 내면에 있다. 정직성, 성실성, 도덕성, 삶의 가치관, 진정성 등은 모두 그 사람의 마음에 담겨있다.

사람을 사귀거나 인간관계를 맺을 땐 그 사람의 중심을 보아야 한다. 그러면 인간관계에서 겪게 되는 실수를 줄이고 참된 삶의 파트너가 됨으로써 자신의 인생에 큰 도움을 받게 될 것이다.

소통의 7가지 원칙

01 먼저 다가가기

모르는 사람끼리 혹은 아는 사람끼리 만났을 때 먼저 다가가 아는 척을 하는 것이 좋다. 성격에 따라 어떤 사람은 자신이 먼저 다가가 아는 체를 하여 분위기를 유도하지만, 어떤 사람은 생각으로는 그래야 한다고 하면서도 실행을 하지 못한다. 전자의 경우는 인간 관계에서 소통을 원활하게 함으로써 만족한 생활을 하는 데 유리하다. 그러나 후자의 경우는 소통에 문제가 있어 자신이 원하는 삶을 살아가는 데 문제를 야기하는 경우가 종종 있다. 원하는 것을 얻기 위해서는 자신이 먼저 다가가라.

02 먼저 칭찬하기

칭찬은 칭찬하는 사람과 칭찬받는 사람 모두를 기분 좋게 해준다. 칭찬을 잘하는 사람은 적극적이고 긍정적인 마인드를 가지고 있다. 그러나 칭찬을 잘 못하는 사람은 소극적이고 부정적인 마인드를 갖고 있다. 그래서 칭찬을 잘하는 사람이 더 활기찬 소통을 통해 인간관계를 잘 유지해 나간다. 먼저 칭찬하라. 칭찬을 잘하면 에너지가 분출되어 열정적으로 살아가게 된다.

03 먼저 인사하기

'인사해서 뺨 맞으랴'라는 말이 있다. 그렇다. 인사해서 뺨 맞는 법은 없다. 오히려 그 반대다. 인사를 잘하는 사람은 좋은 이미지를 심어준다. 예의가 있고, 품행이 방정하다고 믿기 때문이다. 예의가 바르고 행동거지가 바른 사람은 거부감을 주지 않는다. 그래서 인간관계에서 긍정적인 평가를 받는다. 그러나 인사성이 없고 교만한 사람은 소통의 부재를 가져와 인간관계에 문제가 많다. 먼저 인사하라. 인사는 인간관계를 부드럽게 이어주는 '소통의 키^{key}'이다.

04 먼저 배려하기

배려는 상호 간에 유기적인 관계를 이어주는 좋은 마인드이다. 각박한 현실에서 경쟁하며 살다 보면, 자기만을 생각하는 경향이 많다. 이는 성격에 기인하는 경우도 있지만, 경쟁에서 밀리지 않으려고 하다 보니 마치 몸에 밴 습관처럼 굳어진다. 그러나 이를 합리화할 수는 없다. 왜냐하면 자기만 아는 이기심은 소통의 부재를 넘어 소통의 단절을 불러오는 심각한 요인이다. 배려는 그렇게 어렵지 않다. 자신의 이기심을 조금만 내려놓으면 얼마든지 할 수 있다. 배려는 상대방의 마음을 움직이게 하는 훌륭한 소통의 수단이다. 배려를 실천하라.

05 먼저 미소 짓기

미소 짓는 얼굴처럼 예쁜 얼굴은 없다. 아무리 험상궂은 얼굴도 미소를 지으면 순한 얼굴로 변한다. 그와 반대로 아무리 잘생긴 얼굴도 입을 다물고 있거나 인상을 찌푸리면 딱딱하고 거칠게 보인다. 미소는 마음을 포근하게 감싸주고, 닫힌 마음도 열어줄 만큼 소통에 있어서 매우 중요한 요소로 작용한다. 마음이 굳어 있다가도 백합처럼 웃는 미소에 사르르 녹아든다. 그만큼 미소는 힘이 세다. 언어가 통하지 않는 사람들도 웃으면 마음을 열고 다가가게 된다고 한다. 그래서 미소는 세계 공용어라고 할 만하다. 웃어라. 의도적으로라도 웃다 보면 미소가 아름다운 사람이 된다. 잘 웃는 사람이 소통도 잘한다.

06 먼저 양보하기

먼저 양보하면 손해를 본다고 생각하는 게 보편적인 사람들의 심리이다. 사실, 양보 잘해서 손해 보는 경우도 가끔 있다. 그러나 그것은 어디까지나 극히 일부분에 지나지 않는다. 사람들은 양보 잘하는 사람에겐 경계심을 늦춘다. 그 사람은 손해를 끼칠 사람이라

66

고 생각하지 않기 때문이다. 양보처럼 아름다운 미덕은 없다. 우리 나라 옛사람들은 양보를 삶의 근본으로 여겼다. 그래서 이웃사촌 이란 말도 있질 않은가. 이웃사촌은 멀리 있는 혈육보다도 가깝고 흉허물이 없다. 양보는 사람들의 마음을 따뜻하게 해주는 소통의 마인드이다. 내가 원하는 사람과 가까이 지내고 싶다면 먼저 양보 하라. 어느 사람이든 양보 잘하는 사람에겐 마음을 열어준다.

07 먼저 친절 베풀기

친절은 사람의 마음을 무장해제 시킬 만큼 따뜻하게 감싸준다. 길 을 가다 친절한 사람을 보면 공연히 기분이 좋아진다. 그리고 그 사람이 매우 반듯하고 남에게 해를 끼칠 사람으로 보이지 않는다. 친절은 마음의 벽을 허물게 하고, 동지 의식을 갖게 한다. 저 사람 하고 같이 있으면 자신이 행복할 거라는 생각에 잠기게 한다. 친절 은 인간관계에 있어 없어서는 안 될 '필수 마인드'이다. 친절하지 않은 사람과는 가까이하지 말라는 말을 들은 적이 있다. 친절하지 않은 사람은 인간성이 없거나 희박하다는 것이다. 스스로 자신을 점검해보라. 내가 친절한 사람인지 아닌지를. 친절은 인간관계를 매끄럽게 해주는 소통의 윤활유이다. 친절을 습관화하라.

경청은 상대방이 마음을 열고

자신에게 다가오게 만드는 탁월한 지적인 대화이다.

경청하는 습관을 들여라.

경청도 노력에서 온다는 것을 잊지 말아야 한다.

CHAPTER 2

가장 탁월한 지적인 대화,
경청

가장 탁월한
지적인 대화, 경청

인간의 입은 하나이나 귀는 둘이다. 이것은 듣기를 배로 하라는 것이다.
―《탈무드》

평범한 교사에서 탁월한 자기계발 동기부여가가 되어 전 세계적
으로 센세이션을 불러일으켰던 데일 카네기의 유명한 일화이다.

어느 날 그는 유명한 식물학자와 이야기를 나누게 되었다. 그는
식물에 대해 아는 게 없어 열심히 듣기만 했다. 그리고 궁금한 것
은 좀 더 자세히 설명해달라고 말했다. 그러면 식물학자는 미소 띤
얼굴로 쳐다보고는 신이 나서 설명해 주었다.

사실 데일 카네기는 다른 곳으로 자리를 옮기고 싶었지만, 열성
을 다해 이야기하는 식물학자에 대한 예의가 아니라는 생각에 몇
시간 동안 묵묵히 들어주었다. 그의 이야기가 끝나자 카네기는 손

을 내밀어 악수를 청하며 미소를 머금은 채 말했다.

"박사님의 유익한 말씀 즐겁게 잘 들었습니다. 식물을 키우는 데 많은 도움이 될 겁니다. 감사합니다."

"아, 그렇습니까? 경청해주셔서 감사드립니다."

식물학자는 활짝 웃으며 말했다.

그런데 어느 날부터인가 데일 카네기는 대화의 명수라는 소문이 돌았다.

'내가 대화의 명수라니, 대체 누가 그런 소릴 하는 걸까.'

이렇게 생각하던 카네기는 그 소문의 진원지를 알아보았다. 그리고 얼마 후 진원지를 알아냈다. 전에 모임에서 만났던 식물학자가 만나는 사람마다 데일 카네기는 말을 참 잘하는 사람이라고 했다고 한다. 이 일이 있고 난 후 데일 카네기는 자신이 하는 말도 중요하게 여겼지만, 남의 말을 더 잘 들어주었다. 경청이 더 큰 믿음과 신뢰감을 준다는 것을 경험으로 깊이 깨우쳤기 때문이다.

사람들은 왜 자기 얘기를 잘 들어주는 사람을 좋아하는 걸까.

첫째, 자신이 능력 있는 사람으로 비쳐지기 때문이다. 상대방이 자신의 얘기를 잘 들어주면 '아, 이 사람은 나를 인정해주는구나'라고 생각하게 된다. 그래서 그를 좋아하고 신뢰한다.

둘째, 자신이 말을 잘하는 사람으로 비쳐지기 때문이다. 상대방이 자신의 얘기를 진지하게 들어주면 '아, 이 사람은 내 얘기를 매우 흥미롭게 생각하는구나'라고 생각하게 된다. 그래서 있는 말 없는 말 다 해가며 신나게 말을 해댄다.

셋째, 자신이 유머러스한 사람으로 비쳐지기 때문이다. 상대방이 자신의 얘기를 잘 들어주면 '내 얘기가 재미있는가 보다'라고 생각하게 된다. 이러한 생각은 스스로 유머가 있는 사람이라고 인정하고, 자신에게 만족해하는 것이다.

넷째, 자신을 신뢰할 수 있는 사람으로 생각한다고 여기기 때문이다. 상대방이 자신의 얘기에 귀를 기울이면 '내 얘기를 신뢰하는구나'라고 생각하게 된다. 이러한 생각은 기분을 고조시키고 스스로를 만족하게 한다.

"인간의 입은 하나이나 귀는 둘이다. 이것은 듣기를 배로 하라는 것이다."

《탈무드》에 나오는 말이다.

이 말에서 보듯 입이 하나이고 귀가 둘인 것은 말을 많이 하기보다는 남의 말을 잘 들어야 한다는 것을 의미한다.

그렇다. 말을 유창하게 잘하는 사람보다 남의 말을 잘 들어주는 사람이 더 말을 잘하는 사람이라고 생각한다. 사람들은 자신의 말은 즐겨 하지만 남의 말을 귀담아듣는 데는 소홀하기 때문이다.

경청은 상대방이 마음을 열고 자신에게 다가오게 만드는 탁월한 '지적인 대화'이다. 경청하는 습관을 들여라. 경청도 노력에서 온다는 것을 잊지 말아야 한다.*

잘 들어주는 사람이 인정받는다

"입보다 귀를 높이 두어라."

이는 《탈무드》에 나오는 말이다. 이 말은 남의 얘기에 귀를 기울이라는 의미이다.

사람들은 대개 자신이 말하는 것을 좋아한다. 왜냐하면 자신이 상대방보다 더 낫다고 생각하기 때문이다. 하지만 실제에 있어서는 그 반대다. 사람들은 말이 많은 사람들 보다 자신의 말을 경청하는 사람을 더 좋아하고 신뢰한다.

왜 그럴까?

그것은 자신이 똑똑한 사람으로 비쳐지고, 말 잘하는 사람으로 여겨지기 때문이다. 상대의 말만 잘 들어주어도 대화의 명수가 될 수 있다. 사람들과의 대화에서 현명하게 대처하는 것, 그것은 곧 자신을 잘되게 하는 지혜로운 일이다.

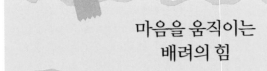

마음을 움직이는
배려의 힘

●

상대방을 이해하라는 것은
무조건 그의 의견에 동의하거나 당신이 틀리고 그 사람이 옳다고 말하라는 게 아니다.
그 사람의 말과 행동을 인격적으로 존중해 주라는 것이다. 상대방의 입장,
그 사람이 옳다고 믿고 있는 사실을 충분히 그럴 수 있다고 귀 기울이고 받아들이라는 것이다.
— 조나단 로빈슨

한 남자가 자그마한 보트 한 척을 가지고 있었다. 그는 여름이
되면 가족들을 배에 태우고 호수로 나가 낚시를 하며 즐겁게 시간
을 보내곤 했다.

"얘들아, 재미있니?"

"네. 아빠! 무지무지 재밌어요."

"당신은 어때요?"

이번엔 아내에게 물었다.

"저도 물론 재미있지요."

"그래요. 우리 행복한 시간을 보냅시다."

이들 가족은 여름 내내 즐겁게 시간을 보내고, 여름이 지나자 보

트를 뭍으로 끌어올렸다. 그때서야 그는 보트 밑바닥에 구멍이 뚫려 있다는 사실을 알게 되었다. 하지만 그것은 매우 작은 구멍이었고, 어차피 겨울 동안은 보트를 사용하지 않기 때문에 다시 사용하게 될 내년에나 수리해야겠다고 생각하고는 그대로 두었다. 그리고는 페인트공에게 보트에 페인트칠만 새로 부탁했다.

겨울과 봄이 지나고 여름이 되었다. 그의 두 아이는 어서 보트를 타고 호수로 나가고 싶어 했다.

"아빠! 빨리 보트 타러 가요! 네, 아빠!"

"지금은 안 돼, 아빠가 너무 바쁘거든."

"그러면 아빠, 우리 둘이 조심해서 탈게요."

"그래? 알았다. 그럼, 조심해서 타야 한다.

남자는 보트에 구멍이 나 있다는 사실을 까맣게 잊어버리고 두 아이에게 보트를 타도 좋다고 승낙했다. 그가 보트에 구멍이 뚫려 있다는 사실을 깨닫게 된 것은 두 시간이 지난 뒤였다. 게다가 아이들은 수영을 못했다.

"이, 이를 어쩌지! 크, 큰일 났구나."

남자는 허둥거리며 호수를 향해 미친 듯이 달려갔다. 그런데 놀라운 일이 그의 눈에 들어왔다. 큰일이 난 줄 알았던 두 아이가 보트를 뭍으로 끌어올리고 있었던 것이다.

"오, 세상에 이런 일이 다 있다니!"

그도 그럴 것이 아이들이 죽은 줄로만 알았기 때문이다. 그는 두 아이를 반갑게 끌어안고는 한동안 그대로 있었다. 영문을 모르는 아이들은 동그래진 눈으로 말했다.

"아빠, 갑자기 왜 그래요? 무슨 일 있어요?"

"아냐. 이대로 있어. 그냥, 아빠가 너희들을 안아주고 싶어서 그러는 거야."

그는 이렇게 말하며 아이들의 얼굴을 어루만졌다. 그리고 그는 보트 바닥을 살펴보았다. 그런데 구멍 난 밑바닥은 누군가에 의해 말끔히 수리되어 있었다.

"이, 이럴 수가! 누가 수리해 놓았지?"

그는 혼잣말로 중얼거렸다. 그 순간, 지난겨울 보트에 페인트칠했던 페인트공이 생각났다. 그는 페인트공을 찾아갔다. 그리고는 그에게 사례금을 내놓았다.

"아니, 이게 무슨 돈입니까?"

아무것도 모르는 페인트공은 의아한 표정으로 말했다.

"사실 그 보트에 구멍이 나 있었는데 수리한다는 걸 깜빡 잊고 아이들에게 호수에서 보트 놀이를 하라고 했습니다. 그리고 두 시간 후 보트에 구멍이 뚫려 있다는 게 생각나 아이들에게 큰일이 났겠구나 싶어 달려가 보니 아, 글쎄 아이들은 멀쩡하고 보트 구멍도 수리가 되어 있지 뭡니까? 얼마나 감사하고 고맙던지……. 그래서 이렇게 찾아왔습니다. 보트에 구멍 난 것을 본 사람은 나 외에 당신밖에 없으니까요."

"아, 그랬군요. 페인트를 칠하는 데 구멍이 나 있기에 손본 것뿐입니다. 이 돈은 받을 수 없습니다."

"아닙니다. 너무도 감사한 마음에서 드리는 것이니 받아주세요."

남자는 이렇게 말하며 머리 숙여 깊이 감사해했다. 페인트공 얼굴에도 기쁨의 꽃이 활짝 피어났다.

이는 《탈무드》에 나오는 이야기이다. 이 이야기는 많은 생각을 하게 한다. 배려의 의미를 잘 알게 해주기 때문이다. 이 이야기 속의 페인트공은 배에 페인트칠만 하면 된다. 굳이 보트에 난 구멍까지 수리할 책임은 없다. 그런데 그는 시키지 않은 일까지 세심하게 수리를 한 것이다.

그가 행한 일을 통해 평소에 몸에 밴 습관에서 온 자연스러운 행동이라는 걸 알 수 있다. 왜냐하면 자신이 한 일을 보트 주인에게 생색을 낸 일이 전혀 없기 때문이다. 그러니까 자기가 행한 일을 알아달라고 한 것이 아니라는 것이다. 아무렇지도 않게 그냥 구멍이 나 있는 게 보였으니까 몸에 밴 습관처럼 수리한 것뿐이었다.

이런 행동은 따뜻한 마음을 가진 사람만이 할 수 있다. 즉 배려심이 깊은 사람만이 할 수 있는 행동이다.

페인트공처럼 누가 부탁하지 않아도 자발적으로 행하는 배려는, 원활한 소통을 하게 함으로써 나와 너, 나와 우리의 관계를 유기적으로 이끌어 준다.

배려는 더불어 살아가는 우리 사회에서 모두가 반드시 갖춰야 할 마인드이자, 원활한 소통을 이루는 필수 수단임을 잊지 말아야 할 것이다.＊

작은 일에도 관심을 기울이기

작은 선행이 다른 사람들에게 얼마나 큰 도움이 될지를 상상하기란 참 어렵다. 왜냐하면 작은 일엔 아무도 관심을 기울이려고 하지 않기 때문이다.

그러나 이런 생각을 바꿔야 한다. 작은 일도 누군가에게는 목숨처럼 절박할 수도 있기 때문이다. 이를 잘 아는 사람은 타인에 대한 배려심이 좋다.

그런 까닭에 작은 일은 작다고 지나치지 말고, 관심을 기울이는 것에 소홀히 하지 말아야 한다. 그렇다. 자신의 작은 배려로 인해 누군가가 큰 도움을 받는다는 것을 꼭 기억할 필요가 있다.

배려도 습관이다. 배려를 습관화한다면 인간관계를 풍요롭게 하는 데 큰 도움이 될 것이다.

13

the wisdom of good communication

상대의 마음을 사로잡는
따뜻한 관심

남이 당신에게 관심을 갖게 하고 싶거든,
당신의 눈과 귀를 닫지만 말고 다른 사람에게 관심을 표하라.
이 점을 이해하지 않으면 아무리 재능과 능력이 있더라도 남과 사이좋게 지내기는 불가능하다.
─로렌스 굴드

미국의 26대 대통령인 시어도어 루스벨트Theodore Roosevelt는 매우 친절하고 따뜻한 마음을 가진 사람이었다. 그는 아래 사람들에게도 항상 자신이 먼저 인사를 했고, 만나는 사람 누구에게나 따뜻하게 대해주었다.

루스벨트의 친절하고 따뜻한 마음은 많은 사람에게 깊은 인상을 주었고, 재선 대통령이 되는 데 결정적인 역할을 했다.

하루는 루스벨트의 부하였던 제임스 E. 아모스의 아내가 루스벨트에게 메추라기에 대해 물었다.

"메추라기는 어떻게 생겼나요?"

"꿩과에 속한 새로 모래 빛깔의 색을 가졌지요. 음, 좀 더 구체적으로 말하자면 백색을 띤 황갈색과 흑색의 세로무늬가 있지요. 낮은 산과 들에서 주로 서식하는 새지요."

루스벨트는 친절하게 설명해 주었다.

"네에, 그렇게 생긴 새로군요."

아모스의 아내는 루스벨트의 친절한 설명에 빙그레 미소를 지었다.

그 일이 있고 난 어느 날 루스벨트가 전화해 아모스의 아내에게 말했다.

"지금 창밖을 내다보세요. 메추라기를 볼 수 있을 겁니다."

루스벨트는 아모스의 집 근처를 지나다 무슨 중요한 것이라도 되는 양 친근감 넘치는 목소리로 말했다.

"감사합니다. 이렇게 전화까지 주시다니."

아모스의 아내는 루스벨트의 말에 깊은 감명을 받았다.

생각해보라. 이런 상황에서는 그가 누구든 감동할 수밖에 없을 것이다. 대통령이 이렇게 지극히 사소한 일에도 잊지 않고 지나가는 길에 전화까지 한다는 일이 얼마나 자상하고 친절한 자세인지를.

루스벨트는 부하를 대할 때도 최대한 따뜻하게 대해주었다.

"여보게, 아모스! 오늘 참 근사하구먼. 그 넥타이 부인이 골라주셨는가?"

"네."

"역시, 자네 부인의 안목은 놀라워."

"감사합니다."

루스벨트의 칭찬에 아모스는 기분이 좋아서 "감사합니다!"를 연발했다. 이처럼 루스벨트는 매사에 있어 자상하고 따뜻한 관심을 기울였다.

그렇다면 사람들은 왜 자상하고 따뜻한 관심을 가진 사람을 좋아하는 걸까.

첫째, 상대의 마음을 열어준다.

자상한 말과 행동은 거부감을 주지 않고, 상대의 마음을 편안하게 해준다. 그래서 그 사람을 사귀어도 좋겠다는 생각을 갖게 한다.

둘째, 상대를 기분 좋게 해준다.

따뜻한 말과 행동은 상대의 기분을 한껏 끌어올려 준다. 그러니 어떻게 상대를 좋아하지 않을 수 있을까.

셋째, 상대에게 신뢰를 갖게 한다.

따뜻한 관심은 상대가 자신을 신뢰하게 만드는 신뢰의 언어이다. 상대와 좋은 관계를 유지하고 싶다면, 자상하게 말하고 따뜻한 관심을 보여주어야 한다.

시어도어 루스벨트는 국민의 뜨거운 지지를 받으며 성공한 대통령이 되었다. 그가 성공한 대통령이 될 수 있었던 것은, 국민과 눈높이를 맞추려고 노력한 그의 따뜻한 소통에 있다. 그는 대개의 통치권자가 보일 수 있는 권위를 집어던지고, 자신 역시 보통 사람이라는 이미지를 부각시켰던 것이다. 마치 자상한 이웃집 아저씨와 같이 주변 사람들에게 관심을 보이고 대해주었다. 만일 그가 권위만 내세우는 대통령이었다면 국민들은 그에게 아낌없는 지지를 보내지 않았을 것이다.

인간관계를 자신이 원하는 뜻대로 자연스럽게 유지하며 살기를 바란다면 상대에 대해 따뜻한 관심을 보여줘라. 사람은 누구나 자신에게 관심을 보여주는 사람을 좋아하고, 그 역시 따뜻한 관심으로 상대를 대해줌으로써 좋은 인간관계를 유지하게 되는 것이다.*

따뜻한 관심은 소통의 열쇠이다

사람들은 자신에게 관심을 보이는 사람을 좋아한다. 관심을 보인다는 것은 상대방이 자신의 마음에 든다는 것을 의미하기 때문이다. 관심을 표명하기 위한 지혜로운 방법을 보자.

첫째, 진심을 담아 칭찬을 한다. 가령 "옷이 너무 멋지군요. 옷이 주인을 잘 만난 것 같습니다."라고 말하면 십중팔구 "아, 그래요? 고맙습니다."라고 기분 좋게 반응할 것이다.

둘째, 최대한 친절하게 대한다.

"이거 한번 먹어보세요. 맛이 정말 끝내줍니다."

이렇게 말하며 접시에 담아 주면 상대방은 '저 사람은 썩 괜찮은 성품을 가졌구나. 앞으로 잘 지내도 좋겠어'라고 생각할 것이다.

셋째, 취미 등으로 마음을 사로잡는다. 대다수 사람은 자신과 같은 취미를 가진 사람에게 관심을 보이며 대한다. 취미가 같다는 것은 생각도 비슷하다는 것을 의미하기 때문이다.

"음악 감상이 취미라면서요? 저 또한 그렇습니다."

"아, 그래요? 잘 됐습니다. 우리 가끔 만나서 식사도 하고, 음악도 듣고, 얘기를 나누면서 즐겁게 지냅시다."

이 정도의 대화가 오고 가면 둘 사이는 좋은 관계를 유지하는 사이가 될 것임은 두말할 필요가 없다.

14
the wisdom of good communication

성실은 감동의
소통이다

단 하나의 성실한 마음이 사람을 움직이는 힘이 더 크다.
―벤저민 프랭클린

성실한 사람을 보면 가까이하고 싶은 마음이 든다. 그런 사람은 남에게 피해 주는 일은 하지 않고 도움을 준다고 믿기 때문이다. 그래서 성실한 사람은 어딜 가든 환영을 받는다.

인간관계에 있어 성실한 마인드와 행동은 좋은 소통의 수단으로 작용한다. 생각해보라. 자신에게 도움이 되는 사람을 멀리할 이유가 없질 않은가. 성실은 소통에 있어 매우 긍정적으로 작용하기 때문에 성실한 마인드로 행동하면 반드시 좋은 결과를 얻을 수 있다.

영국의 대표작인 작가 중 한 사람인 찰스 디킨스Charles Dickens는 영국 남안의 포츠머스에서 태어났는데, 그의 아버지는 해군 경리

국에서 하급 관리로 근무를 하였다. 그의 아버지는 마음씨가 좋은 사람이었으나, 돈에 관한 한 욕심이 없어 디킨스는 어린 시절부터 빈곤에 시달려야 했다. 다른 친구들은 학교에 다녔지만, 디킨스는 학교를 제대로 다니지도 못한 채 부러운 눈으로 친구들을 바라보아야만 했다.

디킨스는 12세 때부터 공장에서 일했다. 힘든 노동은 어린 디킨스에겐 너무 벅찼지만, 그는 가난한 집안을 위해 이를 악물고 일을 했다. 그런 가운데에서도 그의 가슴은 공부에 대한 일념으로 가득 차 있었다. 디킨스는 하루하루가 견디기 힘들 만큼 고통스러웠으나, 자신의 꿈을 위해 틈틈이 글을 썼다. 하지만 그는 자신이 쓰는 글이 잘 쓴 글인지 잘 못 쓴 글인지조차 알 수 없었다. 그는 한 번도 스승으로부터 글쓰기를 배운 적이 없었기 때문이다.

날마다 디킨스는 눈꺼풀에 무겁게 매달리는 잠을 쫓아내며 글쓰기에 전념하였다. 그 어떤 어려운 일도, 지독한 가난도 글쓰기에 대한 그의 열정을 막을 수는 없었다.

디킨스는 자신이 쓴 원고를 탈고할 때마다 정성껏 출판사에 보냈지만, 그 어떤 곳으로부터도 원고가 채택되었다는 말을 들을 수가 없었다. 이름도 전혀 알려지지 않은 무명 작가의 원고를 흔쾌히 받아 줄 출판사는 그 어디에도 없었다.

그러던 어느 날 한 출판사로부터 연락을 받았다. 그의 원고가 드디어 채택된 거였다. 그는 출판사로 달려갔다.

"당신의 원고가 채택되었습니다. 그러나 원고료는 지급할 수가 없습니다. 하지만 책을 내주겠습니다. 그리고 당신은 앞으로 좋은 작품을 쓸 거라고 믿습니다."

편집장의 말을 듣는 순간 디킨스는 '내가 지금 꿈을 꾸고 있는 것은 아니겠지'라고 생각하며 어쩔 줄을 몰라 했다.

그는 출판사를 나와 길을 걸으며 기쁨에 들떠 중얼거렸다.

"내가 책을 내게 됐다고! 아, 내게 이런 행운이 오다니? 이, 이게 정녕, 꿈은 아니겠지……."

집으로 향하는 그의 발걸음은 날개가 달린 것처럼 가벼웠다.

1836년 그의 첫 번째 책 《보즈의 스케치》가 출간되었다. 그리고 이듬해에 장편 《피크위크 페이퍼스》가 나오고, 이어 나온 《올리버 트위스트》가 폭발적인 인기를 끌며 작가로서 그의 위치가 확고해졌다. 그 후 《니콜라스 니클비》, 《크리스마스 캐럴》, 《돔비와 아들》 등 장편소설, 중편소설을 잇달아 발표하며 작가로서의 명성을 떨치게 된다.

그의 작품엔 자신의 가난한 시절의 경험이 생생히 잘 묘사되어 있어, 그의 문체를 특성 있게 잘 보여준다.

1850년에 완결한 자서전적인 작품 《데이비드 코퍼필드》를 쓰면서 작품 성향이 바뀌는데, 그의 작품에 많은 인물이 등장하게 된다. 이는 사회 각계각층의 실태를 엿볼 수 있게 한다는 것에 의미가 있다.

디킨스의 샘물처럼 솟아나는 창작의 열정은 그를 더욱 무게 있는 영국의 중심작가가 되게 했다.

공장 직공의 파업을 다룬 《고된 시기》와 프랑스혁명을 무대로 한 역사소설 《두 도시 이야기》, 그리고 자전적인 《위대한 유산》 등은 그의 작가로서의 위치를 더욱 굳건히 해주었다.

디킨스는 이들 작품 외에도 수많은 단편과 수필을 썼다.

디킨스는 작품을 쓰는 외에도 잡지사를 경영했고, 자선사업에도 참여했으며, 소인연극의 상연, 자작의 공개낭독회, 각 지방을 여행하는 등 정력적인 활동을 하며 독자들과 끊임없이 소통하며 인생을 멋지고 보람 있게 보냈다.

그는 영국과도 바꾸지 않는다는 셰익스피어와 대등할 만큼 인지도가 있는 세계적인 작가가 되었고, 입지전적인 인물로 영원히 기억될 것이다.

디킨스가 짧은 배움으로도 작가로 성공할 수 있었던 힘은 어디에 있을까. 그것은 바로 그의 성실성에 있다. 아무리 재능이 뛰어나다고 해도 그 재능을 뒷받침할 수 없다면 좋은 결과를 내지 못한다. 재능도 중요하지만, 그보다 더 중요한 것은 성실함이다.

성실하다는 것은 그만큼 사람들에게 믿음을 주고 신뢰를 주기 때문이다. 그러기에 성실함에는 말이 필요 없다. 그것은 오직 행동으로 나타난다.

자신이 인정받고 싶다면 성실하라. 성실은 사람과의 사이를 매끄럽게 이어주는 '감동의 소통'이다.＊

성실은 가장 진실한 몸짓 언어이다

글은 학력으로 쓰는 것이 아니라, 그 사람의 재능과 능력으로 쓰는 것이다.

디킨스는 평생 학교라고는 4年밖에 다닌 적이 없다. 그러나 그는 세계적인 작가가 되었다.

왜일까.

그것은 그의 끊임없는 노력과 지칠 줄 모르는 성실함에 있다. '젊어서 고생은 사서도 한다'라는 속담이 있다. 디킨스의 어린 시절의 고생은 그가 글을 쓰는 데 있어 좋은 양분이 되었다.

자신의 현실이 갑갑하고 고통스러워도 인내하고 성실히 노력하다 보면 '인생의 보약'이 된다. 그리고 성공적인 결과를 안겨준다. 동서고금을 막론하고 성공한 이들의 공통점은 '성실함'에 있다.

성실하라. 성실은 성공을 이끄는 몸짓 언어이다.

인사는 마음을 여는 소통의 게이트이다

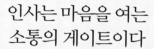

인사는 마음의 문을 여는 노크다.
상쾌하고 기분 좋게 인사하는 모습에 승리하는 인간성이 있다.
― 이케다 다이사쿠

현대는 메마른 사막과 같아 하루를 살아가는 것조차 점점 우리를 힘들게 한다. 국민소득은 높아지고 경제 수준이 나아진 반면, 그만큼 더 바삐 몸을 움직여 자신에게 주어진 일을 해야 한다. 그러다 보니 시간에 쫓겨 삶의 여유는 사라지고, 마음은 사막처럼 메말라 모래바람을 일으킨다.

이런 마음 상태에서 타인을 배려하고 사랑한다는 것은 힘든 일이다. 하지만 이럴 때일수록 마음의 여유를 찾아야 한다. 그러지 않으면 자신에게나 타인에게 득이 될 일이 없다. 때문에 메마른 마음을 맑게 정화시키는 노력이 필요하다.

그러면 어떻게 하는 것이 인간관계를 부드럽게 하고, 서로를 유기적인 관계로 맺어줄까. 그것은 당연히 인간관계를 통해서만이 해결할 수 있다. 사람이란 결국 사람 숲에서 부대끼고 그 숲에서 꿈을 이루고 살아가는 존재이기 때문이다.

내가 사는 아파트에 경비원 K씨가 있다. 그는 약간 말이 어눌한 편이지만 아는 것도 많고 눈빛이 선하고 모든 사람에게 친절하고 겸손해 그를 보고 있으면 마음이 편해진다. 그는 책 읽는 것을 참 좋아하여 그가 무언가에 열중하여 읽는 모습이 무척 정겹다.

그리고 그는 틈만 나면 아파트 주변을 돌며 떨어져 있는 종이나 작은 담배꽁초도 하나 남김없이 주워 아파트가 항상 깨끗하다. 어쩌다 베란다를 통해 내려다볼 때나, 외출할 때 그를 보면 한시도 가만히 있질 않는다. 그의 그런 행동은 경비원으로서의 본연의 임무를 다하는 것보다는, 오랫동안 몸에 밴 습관처럼 보여 그 사람의 됨됨이가 한층 더 반듯해 보인다. 그는 정서가 맑고 푸르러 인정이 샘솟는다. 그런 사람이 내가 사는 아파트에서 근무한다는 것이 즐겁고 기분이 좋다.

경비원 K씨가 나를 난처하게 할 때가 종종 있다. 어떤 날은 몇 번씩 마주칠 때가 있는데 그럴 때마다 "선생님, 이제 오십니까?" 또는 "선생님, 지금 나가십니까?"라고 말하며 허리를 거의 육십도 각도로 숙여 정중히 인사를 한다. 그보다 열 살도 훨씬 더 어린 내가 몸 둘 바를 몰라 그러지 말라고 손사래를 쳐도, 그는 한사코 깍

듯이 예우한다. 난처한 마음이 들다가도 내 가슴 깊은 곳에서는 이루 말할 수 없는 기쁨의 강물이 흐른다.

그에겐 진한 삶의 향기가 있어 나는 그를 볼 때마다 그 어떤 꽃에서보다도 진한 향기를 맡는다. 그 향기는 참으로 맑고 곱고 향기로워 오랫동안 내 가슴을 따뜻하고 풍요롭게 만든다. 그래서일까. 간혹 그를 보지 못하고 지나치기라도 하는 날은 가슴 한구석이 허전하고 서늘하다.

그의 말과 행동은 기쁨을 주는 악기가 되어 늘 즐거운 삶의 음악을 연주한다. 조건 없이 남을 즐겁게 하고 기쁘게 한다는 것은 참으로 은혜로운 일이다. 그러기에 그의 삶은 생각만으로는 절대로 할 수 없는 일이다. 그것은 깊이 우려낼수록 뽀얗게 우러나는 사골처럼, 평소에 마음과 몸에 깊숙이 습관화되어야 할 수 있는 아름다운 행위인 것이다.

여러모로 부족하고 성숙하지 못한, 자신의 막내 동생뻘 되는 나를 작가라는 이유 하나만으로 극진히 대하며 변함없는 모습을 보여주는 그는 내 마음속의 성자聖者이다. 그래서 좋지 않은 일로 마음이 불편할 때나 마음이 우울할 때 그를 생각하면, 어느새 내 마음속엔 고요한 평온이 찾아와 마음이 안정된다.

"이 세상의 참다운 행복은 남에게서 받는 것이 아니라 내가 남에게 주는 것이다. 그것이 물질적이든 정신적이든 사람에게 있어 가장 아름다운 행동이기 때문이다."

아나톨 프랑스의 말이다.

아나톨 프랑스의 말처럼 그는 진정한 삶의 행복과 기쁨을 알고 실천하는 '삶의 오아시스' 같은 사람이다.

시간이 흐를수록 경제 수준은 높아지고 그에 따른 사회적 변화도 몰라보게 달라질 것이다. 급격히 사회가 변할수록 사람들의 마음은 더욱 메말라가고 강퍅해진다. 그럴 때일수록 서로가 서로에게 '삶의 오아시스'가 되어야 한다.

삶의 오아시스인 경비원 K씨가 아파트 주민들에게 인정받는 것은 당연한 일이다. 항상 따뜻한 미소로 인사하는 그를 싫어할 까닭이 전혀 없다.

지금 우리 사회는 소통의 부재를 호소하는 사람들로 넘쳐난다. 가족이 있어도 서로가 바쁘다 보니 일주일 동안 대화하는 시간을 따져보면 남보다 오히려 적다.

직장인들 역시 예외는 아니다. 그들 또한 자신이 맡은 일을 처리하다 보면 직장 동료 사이에도 말없이 지나치는 날이 많다.

가족 간에, 직장 동료 간에, 친구들 간에, 이웃들 간에 벽이 둘러쳐져 있기 때문이다. 이 벽을 허물어뜨려야 한다.

벽을 허물어뜨리는 가장 좋은 방법은 먼저 다가가 인사하는 것이다. 인사하는 사람들을 싫어할 사람은 어디에도 없다.

인사해서 뺨 맞는 일은 없다. 인사는 사람과 사람 사이를 부드럽게 이어주는 소통의 표현이다. 먼저 다가가 인사하라.*

인사는 소통의 필수요소이다

인사는 처음 본 사람의 마음도 활짝 열게 하는 소통의 게이트이다. 그래서 인사를 잘하는 사람에게는 관심이 가게 되고 그와 좋은 관계를 맺고 싶게 만든다.

인사 잘하는 사람에게 관심이 가는 것은 왜일까.

첫째, 인사 잘하는 사람은 오픈 마인드를 가진 사람이라는 확신을 준다. 그래서 그런 사람과의 교류는 자신에게 유익함을 준다고 긍정적으로 평가하기 때문이다.

둘째, 인사 잘하는 사람은 예의가 있는 사람이라고 믿는다. 예의를 갖춘 사람은 마음 바탕이 반듯해서 교류하면 손해 볼 게 없다고 믿기 때문이다.

셋째, 인사 잘하는 사람은 인간성이 좋다고 생각한다. 생각해보라. 인간성 나쁜 사람들이 인사성이 좋은가를.

인간관계에서 긍정적인 결과를 얻고 싶다면 자신이 먼저 인사하라. 인사는 사람과의 관계를 매끄럽게 이어주는 소통의 '필수요소'이다.

너그러운 마음은
자신을 존경받게 한다

●

관용은 타인에 대한 인내이다.
관용이란 무엇인가. 그것은 인간애의 소유이다.
우리는 모두 약함과 과오로 만들어져 있다.
우리의 어리석음을 서로 용서해야 한다. 이것이 자연의 제일 법칙이다.
—볼테르

살아가다 보면 예기치 않은 일에 봉착하는 경우가 종종 있다. 그 일이 자신에게 억울하게 작용하는 경우에는 원인을 제공한 사람에게 대가를 치르게 하는 것이 보편적인 심성이다. 그래서 우리 주변에는 해를 끼친 사람에게 손해 배상을 청구하는 일도 있고, 고발하여 응징하는 경우도 있다.

이것이 대개의 사람이 살아가는 방식 중 한 단면이다.

그런데 어떤 사람은 보편적인 상식을 벗어나 너그럽게 이해하며 넘어가는 경우도 있다. 이런 경우는 잘 볼 수 없지만, 그러기에 관용의 미덕을 가진 사람이 좋은 이미지를 주고 훌륭한 인품을 가진 사람으로 존경받는 것이다.

영철은 고등학교 국사 교사이다. 그는 교사로 첫 발령을 받고 고등학교에 부임하였다. 어느 분야이고 간에 대개의 사람들이 부임 초년에 그러하듯 영철 또한 새로운 교사 생활에 대한 포부가 남 못지않게 원대하였다. 그래서 그는 나름대로 교사로서의 원칙을 정해놓고, 그 원칙에 따라 실천을 해나갔다.

모든 것이 마음먹은 대로 되면 얼마나 좋을까. 하지만 이론과 실제는 너무나 달랐다. 그는 선배 교사가 학생들을 심하게 다룬다 싶으면 끼어들어 항변하는가 하면, 자기 딴에는 최대한 학생들의 눈높이에 맞추어 학생들 편에서 모든 일을 생각하였다.

그러나 그의 생각과 다른 일들이 너무도 많았다. 학생들이 자신이 생각하는 것처럼 다루기가 그리 쉬운 대상이 아니라는 것을 시간이 흐를수록 느끼게 된 것이다. 그러다 보니 그의 원칙은 가끔 빗나가기 시작했고, 자신이 원치 않는 방향으로 흘러갔다.

그는 교사로서 회의가 들어 자신이 지향하는 교육 방법에 대해 스스로가 불신하는 마음으로 고민하였다. 그러는 가운데 그는 자신도 모르게 언제부터인가 자신이 그토록 경멸하고 항변까지 했던 선배 교사들의 행태를 답습하고 있었다. 더군다나 학생들이 자신의 순수한 학습지도 방침에 따라주지 못한다는 생각에 학생들을 불신하는 경향을 보이기까지 했다. 그래서 학생들에게 자신의 감정이 실린 체벌을 가하기도 하고, 거친 언어로 학생들을 대하는 등 변질된 자신의 초심을 드러내 보였다.

그러던 어느 날, 그는 머리가 길다고 한 학생을 복도 계단에 세워

놓고 주의 주는 과정에서 손찌검을 하게 되었고, 그도 모자라 그 학생의 머리를 벽에 찧고 떠밀어 계단에 굴러떨어지게 하는 불상사를 빚고 말았다. 그는 이내 교사로서의 자신의 행동이 지나쳤음을 깨달았다. 이성보다는 감정을 앞세워 학생을 훈계하려고 한 것이다.

이 일은 생각 외로 문제를 불러일으켰다. 학생이 머리가 아프다며 부모에게 호소했고, 그 이유가 영철 때문이라는 것이 드러났다. 이에 화가 난 학생 아버지가 담임에게 전화를 걸어 항의하였다. 담임은 이 사실을 영철에게 말했다. 자신의 행동이 지나쳤다는 것을 느낀 영철은 학생 아버지에게 전화를 걸어 찾아뵙고 사죄를 하겠다고 말했다. 그러나 학생의 아버지는 자신의 감정을 최대한 억제하며 말했다.

"선생님, 선생님이 저를 찾아오셔서 사죄한다고 해서 선생님의 실수가 물에 씻기는 물감이 되지는 않습니다. 외람된 말씀이지만 선생님의 행위는 교사로서 지녀야 할 품위를 벗어났습니다. 아무리 학생이 문제가 있다고 하더라도 그런 식의 교육지도는 용납되거나 이해될 수 없는 행위입니다. 따라서 저도 아버지이기 이전에 감정을 가진 한 사람의 인격체입니다. 만약 선생님이 사죄하기 위해 지금 저를 찾아오신다면 저는 분명히 제 자식이 보는 앞에서 선생님을 손찌검해야 할지도 모릅니다. 그래서 지금 오시지 말라는 겁니다. 제 자식은 선생님에게 모욕적인 폭행을 당했지만, 저는 선생님의 자리를 지켜드리고 싶습니다. 이 점을 분명히 유념하시고, 앞으로는 이와 같은 일이 그 어떤 학생에게도 결코 있어서는 안 될 것입니다. 명심하시기 바랍니다."

영철은 피해 학생의 아버지가 끓어오르는 감정을 절제하며 이성적으로 또 인생의 선배로서 들려주는 말을 듣고, 자신이 한 행동에 대해 깊이 반성하였다. 학생 아버지의 너그러운 마음에 감동한 그는 그 일이 있고 나서부터 '학생을 내 몸같이 아끼자'라는 자신만의 교육지표를 설정하고 관용의 미덕을 실천하며 지금껏 지켜오고 있다. 그 결과 영철은 학생들이 믿고 따르는 최고의 교사가 되었다. 그는 오늘도 보람 있는 교사의 자리를 자랑스럽게 생각하며 자신에게 참된 교육자의 상을 만들어준, 학생의 아버지를 잊지 못하고 자신의 인생에 표상으로 삼고 있다며 빙그레 미소 지었다.

"관용은 타인에 대한 인내이다. 관용이란 무엇인가. 그것은 인간애의 소유이다. 우리는 모두 약함과 과오로 만들어져 있다. 우리의 어리석음을 서로 용서해야 한다. 이것이 자연의 제일 법칙이다."

이는 프랑스의 사상가인 볼테르Voltaire가 한 말로, 관용이 인간애에 의한 아름다운 인간관계에 미치는 영향을 잘 알게 한다.

볼테르의 말처럼 우리는 모두 약함과 과오로 만들어진 존재이다. 그러다 보니 잘못을 저지르기도 하고 뜻하지 않는 일을 벌이기도 한다. 이럴 때 상대방의 잘못을 용서하는 마음은 참 아름답다. 그래서 관용의 미덕을 베푸는 사람이 널리 존경을 받는다.

관용은 차원 높은 소통의 요소이자 삶의 미덕이다.＊

관용은 상대를 반성하게 만든다

인자무적仁者無敵. '어진 마음을 가진 사람에겐 적이 없다'라는 뜻이다. 어진 마음은 너그러운 마음을 말하며 이를 '관용'이라고 한다.

관용의 미덕을 행하는 사람이 존경을 받는 것은 아무나 할 수 없는 일이기 때문이다. 관용의 마음을 기르기 위해서는 다음의 세 가지를 실행하라.

첫째, 매사에 역지사지하는 마음으로 생각하라. 꾸준히 행하다 보면 이해의 폭이 넓어진다.

둘째, 용서와 화해의 마음을 길러라. 용서와 화해의 마음은 적도 감동하게 한다.

셋째, 자신도 얼마든지 실수할 수 있음을 생각하라. 이런 마인드는 상대방을 보다 이해하는 쪽으로 생각하게 만든다.

관용의 마음은 차원 높은 소통의 수단이다.

관용의 마음을 기른다면 폭넓은 소통으로 인해 만족한 삶을 살아가게 된다.

기쁨은 즐거움을 주는
활기 넘치는 소통이다

누군가에게 기쁨을 선사하는 행위는 자신까지도 기쁨으로 충만케 만든다.
아무리 작은 일이라도 다른 사람을 기쁘게 할 수 있다면
우리의 양손에, 가슴에 기쁨이 가득 할 것이다.
— 프리드리히 니체

살아가면서 사랑하는 이들이나 일상에서 마주치는 사람들에게 기쁨을 줄 수 있다면 얼마나 감사한 일인가. 이런 사람은 어디를 가나 환영을 받고 만나는 사람들에게 호감을 주고 기쁨을 준다.

사람과의 관계에서 꼭 필요한 사람이 되는 것은 참으로 행복한 일이고 은혜로운 일이다. 그러나 만나면 얼굴을 찌푸리게 하고 만남 자체를 곤혹스러움으로 여기게 된다면, 그런 사람은 자신도 불행하고 상대방에게도 불쾌감만 주게 된다.

기쁨을 주는 사람은 슬픔도, 고통도 슬기롭게 극복할 수 있는 능력을 갖고 있어 늘 그 사람에게선 풀꽃 향기가 물씬 풍겨난다. 그래서 사람들은 그 사람을 기다리게 되고, 그와 같이 언제나 함께

지내길 바라게 된다.

　내가 문예창작을 강의할 때 일이다. 수강생들은 이십 대에서 육십 대에 이르기까지 매우 다양한 연령층을 이루었다. 이렇게 나이가 층을 이루었지만, 이들 사이엔 문학이란 공통분모가 함께하였으므로 나이 차이에서 오는 생각과 세대의 벽은 그다지 느껴지지 않았고, 매시간이 기쁨과 즐거움이 넘쳐 늘 공부하는 날을 기다리곤 했다.

　이런 따뜻한 분위기를 이끌 수 있었던 또 하나는 수강생 중 B란 여성이 있었다. 그녀는 백 리가 넘는 시골에서도 거르지 않고 꼬박꼬박 참석하였고, 성격이 활달하고 유머가 풍부해 나를 비롯한 많은 수강생에게 늘 웃음과 기쁨을 선물하였다. 사회 경험도 나름 풍부해서 선생인 나를 깍듯하게 대하며 예를 다 하였으며 자신보다 연배인 수강생들에겐 선배로서 예우하고, 아랫사람들에겐 자애로운 마음으로 보살피는 애정을 보였다. 이렇듯 언제나 기쁨을 달고 다녔으며 매사를 능동적으로 바라보고 행하는 지혜를 간직한 사람이었다.

　지금도 내가 잊지 못하는 것은 그녀의 정성이 매우 향기롭고 지극한 일이다. 문예창작을 개강한 이래 수료하는 2년 동안 언제나 장미 한 송이를 내게 선물했다. 맑은 날이나, 비 오는 날이나, 눈이 오는 날이나, 바람이 부는 날이나 늘 그녀의 손에는 정성껏 포장된 빨간 장미 한 송이가 들려져 있었고, 그것을 받아든 나는 즐겁고 감사한 마음으로 강의할 수 있어 강의 시간은 활력이 넘치고 웃음이 떠나지 않은 열정의 나날이었다. 어쩌다 부득이 강의에 빠지게 되면 다음 강의 시간엔 어김없이 빠진 날의 장미 묶까지 가져와 선물하던, 그 고운 정성은 두고두고 나를 행복하게 했다.

뿐만 아니라, 때를 맞춰가며 수강생들의 친교를 도모하기 위한 모임을 주선하는 일에도 앞장서서 하고, 수강생들의 대소사에도 사랑과 정성을 기울이는 참모습은 많은 감동을 주었다. 그녀의 따듯한 마음은 대외적으로 이어진 봉사활동으로 도지사 표창장을 비롯해 많은 상을 받기도 했다.

B는 진정 기쁨을 주는 사람이다.

세상에는 많은 부류의 사람들이 저마다의 삶을 살아가고 있다. 그러나 많은 사람이 자신의 생활에서 만족하지 못하고 원망과 분노가 가득한 마음으로 살아가고 있다. 이들에겐 기쁨 대신 불신과 불평만이 난무하고, 남의 잘못은 열을 올리며 비판하고 자신의 잘못은 인정하지 않으려는 편견과 오만으로 가득 차 있음을 볼 수 있다. 이는 자신이나 주변 사람들에게 불쾌하고 불행한 일이 아닐 수 없다.

생각을 바꾸는 지혜가 필요하다. 긍정적이고 능동적인 생각의 에너지로 자신의 마음을 가득 채워야 한다. 불만 대신 넉넉한 마음으로 바꾸고, 남을 탓하는 마음 대신 자신을 반성하고, 자신의 부족함을 겸허히 받아들이는 자세를 가져야 한다. 이런 마음을 가지게 될 때 마음의 여유가 생기고, 배려하고 양보하는 마음이 생겨나 기쁨을 간직하게 되고, 그 기쁨을 사람들에게 나누어 줄 수 있게 되는 것이다.

사람들은 왜 기쁨을 주는 사람을 좋아하는 걸까.

첫째, 기쁨을 주는 사람은 거부감을 주지 않기 때문이다. 생각해 보라. 기쁨을 주는데 거부할 이유가 있을 수 있겠는가.

둘째, 기분을 좋게 해주기 때문이다. 기쁨을 품고 사는 사람에겐 사람을 기준 좋게 하는 향기가 있다. 그래서 그 사람과 함께하는 것만으로도 행복을 느끼게 된다.

셋째, 기쁨을 주는 사람은 분위기 메이커이다. 그 사람이 함께하면 칙칙했던 분위기도 맑게 갠 날씨처럼 변하기 때문이다.

이렇듯 기쁨을 주는 사람은 소통에 막힘이 없고, 누구에게나 거부감을 주지 않는다. 기쁨을 주는 사람이 되자. 기쁨을 주는 사람은 누구나 원하고 좋아하는 사람이다.＊

기쁨은 사람을 끌어당긴다

어딜 가든 분위기 메이커가 따로 있다. 이런 사람들은 매사가 긍정적이고 기쁨을 안고 산다. 그래서 이런 사람은 누구에게나 환영을 받는다. 기쁨을 주는 사람이 어딜 가든 환영을 받는 것은, 그 사람이 함께하므로 해서 기분이 좋아지기 때문이다.

기분을 좋게 한다는 것은 사람들과의 관계를 매끄럽게 만들어준다. 그래서 기쁨을 주는 사람이 소통에 막힘이 없는 것이다. 소통이 잘 된다는 것은 인간관계가 좋다는 것을 의미한다. 좋은 인간관계를 맺고 싶다면 기쁨을 주는 사람이 되어야 한다.

기쁨은 사람을 끌어당기는 강력한 힘을 갖고 있는 소통의 매개체이다.

약속은 신뢰를 주는
소통의 언어이다

자기가 입에 올린 말이면, 그 말에 충실하고 믿음이 있어야 한다.
열성과 진실로써 약속한 일을 행동에 옮겨야 한다.
— 장사숙

《전쟁과 평화》,《부활》,《안나 카레리나》,《인생론》으로 유명한 러시아의 국민 작가이자 세계적인 작가인 래프 톨스토이. 그의 위대성은 작가로서의 작품세계에도 있지만, 그는 무엇보다도 인간과의 소통을 중요하게 여겼다는 사실이다.

그는 러시아의 귀족으로 많은 농토를 가지고 있었다. 또한 대지주로서 많은 하인을 부렸다. 그는 지주로서 영지 내의 농민 생활을 개선하려 노력하였다. 하지만 그의 노력은 실패하고 말았다. 그 당시 귀족들이 그의 그러한 행태에 대해 못마땅하게 생각한 것이다.

보수사회에서 개혁이나 혁신을 하기란 목숨을 걸어야 할 만큼 힘들다. 기득권을 가진 자들의 반대가 강하게 작용하기 때문이다.

그럼에도 불구하고 톨스토이는 끊임없이 인간관계를 개선하기 위해 노력했다.

그리고 톨스토이가 그의 인생에서 소중하게 생각한 것은 약속이다. 약속은 인간관계에서 반드시 지켜야 하는 것이라고 믿기 때문이었다. 이에 대한 유명한 일화이다.

어느 날 톨스토이는 귀중한 서류를 친구에게 전해주기 위해 말을 타고 가고 있었다. 그때 톨스토이가 가지고 있는 백합꽃이 수놓아져 있는 가방을 본 한 소녀가 자기 어머니에게 그런 가방을 사달라고 졸랐다. 그러자 그 어머니가 달랬다.

"엄마도 그렇게 하고 싶어. 그러나 저렇게 생긴 가방은 너무 귀해서 어디에 가도 살 수가 없단다."

그러나 소녀는 막무가내로 계속 떼를 썼다. 그 광경을 보고 톨스토이가 소녀 곁으로 갔다.

"애야, 조금만 기다려 주겠니? 아저씨가 지금 아주 중요한 일로 친구를 만나러 가는데, 그 친구에게 이 가방 속의 서류를 전해주고 나서 오는 길에 너에게 꼭 주마."

"정말요? 아저씨?"

"그래. 아저씨가 모레 돌아오니까 그때 꼭 주기로 약속하마."

톨스토이는 우는 소녀의 눈물을 닦아주며 말했다. 그리고는 말을 몰아 달려갔다.

그 가방은 톨스토이가 할아버지로부터 물려받은 유물로써 가보와 같은 물건이었다. 톨스토이는 일단 한 말에는 책임을 지고 약속을 지켜야 한다고 생각했다.

볼 일을 마친 톨스토이는 소녀와의 약속을 지키기 위해 가방을 들고 소녀와 만났던 곳으로 갔다. 톨스토이는 소녀의 집 대문을 두드렸다. 잠시 후 문을 열고 나온 소녀의 어머니가 톨스토이를 보자 눈물을 흘리며 울기 시작했다. 당황한 톨스토이가 물었다.

"아니, 왜 그러십니까?"

소녀의 어머니는 흐느끼다가 한참 만에야 눈물을 거두었다.

"자, 따님에게 이 가방을 전해주십시오. 약속을 지키기 위해 먼 길을 달려왔습니다."

톨스토이가 가방을 내밀자 소녀의 어머니는 또다시 흐느끼며 떨리는 목소리로 말했다.

"선생님, 이젠 가방이 소용없게 되었습니다."

"아니, 그게 무슨 말씀이십니까?"

"우리 애가 그저께 선생님과 헤어진 후 갑자기 열이 오르며 앓더니 그만 죽고 말았습니다. 눈을 감을 때까지 선생님을 만나 가방을 받겠다며 밖으로 나가려고 했었는데…….."

톨스토이는 너무 놀라서 할 말을 잊었다.

"오늘 아침에 저 산에 묻었어요."

이렇게 말하고 나서 소녀의 어머니는 다시 얼굴을 감쌌다.

"너무 슬픈 일을 당하셨군요. 비록 따님은 가고 없지만, 따님에게 가방을 주기로 한 약속은 지켜야겠습니다. 자, 눈물을 거두고 따님의 무덤으로 저를 데려다 주십시오."

톨스토이는 소녀의 어머니를 따라 무덤으로 갔다. 그리고 가지고 온 가방을 무덤 앞에 놓았다. 그리고 톨스토이는 고개를 숙이고 소녀의 영혼이 편안히 잠들기를 빌었다.

이 이야기에서 톨스토이의 포근하고 넉넉한 인간미를 만난다. 한 어린아이와 우연히 한 약속을 지키기 위해 할아버지가 물려 준 가보와 같은 가방을 전해주기 위해 볼일을 마치자마자 달려갔던 톨스토이. 소녀는 안타깝게 죽고 없었지만, 그는 자신이 한 약속을 지키기 위해 소녀의 무덤 앞에 가방을 놓아두었다는 사실을 기억해야 한다.

톨스토이가 많은 국민으로부터 존경받았던 것은 그의 훌륭한 작품에도 있지만, 그보다는 인간을 사랑하고, 따뜻한 삶을 실천했기 때문이다. 이러한 그의 마인드는 그를 소통의 귀재로 만들었고, 역사적인 인물로 남게 하였다.

약속은 중요한 소통의 요소이다. 그래서 약속을 어기면 인생이 부도난다. 그러나 약속을 잘 지키면 참사람이라는 인생의 보너스를 받게 된다.

한 번 한 약속은 반드시 지켜라.*

약속은 반드시 지키기

약속은 사람과 사람 사이를 끈끈하게 맺어주는 연결고리이다. 약속을 잘 지키면 인간관계가 탄탄해지고, 잘 지키지 않으면 인간관계가 끊기고 만다.

약속은 무언의 말이며 행동의 언어이다.

약속을 하고 지키지 않는 사람이 참 많다. 천재지변과 같은 어쩔 수 없는 불가항력에서는 이해가 되지만, 그 외엔 이해로 덮어 줄 하등의 이유가 없는 게 약속이다.

약속을 잘 지키면 참사람이라는 인생의 보너스가 주어진다. 하지만 약속을 잘 지키지 않으면 인생이 부도난다.

약속은 소통에 있어 매우 중요한 요소이다. 약속을 잘 지키느냐 잘 지키지 않느냐에 따라 소통이 원만하게 될 수도 있고, 불통이 될 수도 있다는 것을 기억해야 할 것이다.

진실한 행동으로
상대를 감동시켜라

행동은 말보다 소리가 크다.
—《탈무드》

미국 초대 대통령인 조지 워싱턴은 정직한 대통령, 관용의 대통령으로 존경을 한몸에 받았다. 그는 인간적인 면모를 잘 간직한 사람이었다. 그에 대한 감동적인 이야기이다.

그가 사령관 시절 사복을 한 채 한적한 시골길을 지나던 길이었다. 자연의 아름다움에 한껏 취해 있을 때 저쪽 한구석에서 군인들이 막사를 짓느라 분주했다. 그는 잠깐 멈춰 서서 그들이 일하는 모습을 지켜보았다.

그런데 바로 그때 한 부사관이 장병들을 향해 큰소리를 질러댔다.

"야, 이 멍청이 같은 놈들아! 몸을 사리지 말고 일하란 말이다. 그렇게 꼼지락대면 어느 세월에 막사를 짓겠냐!"

그 모습을 지켜보던 워싱턴은 양미간을 잔뜩 찌푸렸다. 장병들은 무거운 것을 들고 끙끙대는데 도와줄 생각을 안 하고 잔소리만 해댔기 때문이다. 워싱턴은 그에게 다가가 말을 걸었다.

"이보시오."

"무슨 일입니까?"

워싱턴 말에 부사관은 귀찮다는 듯 말했다.

"내가 보기에 딱해서 하는 말인데, 장병들이 힘들어서 쩔쩔매는데도 왜 거들어주지 않는 겁니까?"

"저들은 졸병이고 나는 고참 부사관인데 어떻게 함께 일하란 말입니까."

"일하는 데 고참이 어딨고, 졸병이 어디 있습니까? 힘을 합치면 덜 힘들고 손쉽게 일할 수 있지 않겠소."

워싱턴은 하도 어이가 없어 이렇게 말했다.

"우리 일에 상관 말고 가시던 길이나 가시지요."

부사관은 짜증이 난 표정으로 말했다.

"당신이 안 거들면 내가 거들어 주리다."

워싱턴은 이렇게 말하며 팔을 걷어붙이고 장병들의 일을 거들어 주었다. 그러자 장병들은 너무 좋아했다. 워싱턴이 일을 다 끝내고 윗옷을 걸치는데 마침 외출 중이던 그곳 부대장이 도착했다.

"부사관, 저 신사분은 누구신가?"

"아, 네, 이곳을 지나가다 장병들을 돕겠다고 해서 함께 일했습니다."

"그래? 참 고마운 분이시군."

부대장은 이렇게 말하며 신사가 있는 곳으로 갔다.

"이렇게 도와주셔서 감사드립니다."

"아닙니다. 그저 조금 도왔을 뿐입니다."

워싱턴이 뒤돌아서며 말하는 순간 부대장은 깜짝 놀라며 부동자세를 취하고 경례를 하였다.

"사령관 각하, 여긴 어쩐 일이십니까? 그리고 장병들과 일을 하시다니요?"

"신경 쓰지 말게. 머리를 식히러 지나가다 잠깐 도운 것뿐이네."

"죄, 죄송합니다. 부하들이 알아 모시지 못해서."

부대장은 난처한 얼굴로 말했다.

"아닐세. 그렇게 생각하지 말게. 일하는 데 있어 사령관이 어딨고, 장병이 어디 있단 말인가? 모두 힘을 합쳐서 하면 더 쉽게 할 수 있지 않은가."

워싱턴의 말에 부대장도 부사관도 장병들도 모두 놀라워했다. 더구나 무례하게 굴었던 부사관은 사색이 되어 벌벌 떨었다. 사령관에게 함부로 했으니 이제 호된 벌이 따를 것이라고 여긴 것이다.

그러나 워싱턴은 부사관에게 한 마디의 질책도 하지 않았다. 오히려 격려하며 말했다.

"우리는 모두 위대한 미국의 군인들이다. 조국과 민족을 위해 우리 모두 힘을 모아 열심히 노력하세."

"네! 사령관 각하!"

부대장과 장병들은 큰소리로 외쳤다. 워싱턴은 일일이 장병들과 악수를 하고는 자리를 떠났다.

"야, 참 멋진 사령관이다."

장병들은 워싱턴의 인간다운 모습에 매료되어 칭송이 자자했다. 특히, 큰 벌을 받을 줄 알았던 부사관의 감동은 더 컸다. 저렇게 멋진 사령관을 몰라보고 버릇없이 굴은 자기 자신이 부끄러웠다. 그래서 그는 결심했다. 워싱턴처럼 훌륭한 군인이 되자고.

"부사관, 앞으로 잘 부탁하네. 훌륭한 부사관이 되어주게."

워싱턴이 자신의 손을 잡고 했던 말을 가슴에 깊이 아로새겼다.

여기서 우리는 조지 워싱턴의 사람 됨됨이를 알 수 있다. 부하를 진정으로 사랑하고, 조국과 민족을 너무도 사랑한다는 것을. 또한 총사령관이란 막강한 권력을 쥐고도, 한없이 겸손하고 인간적인 면모를 지녔다는 것을 말이다.

이 이야기는 군부대마다 회자가 되었고, 국민에게까지 알려지며 모두를 감동시켰다.

작은 권력도 손에 쥐게 되면 우쭐거리는 사람들, 자신의 이익을 위해 권력을 남용하는 사람들은 가슴에 꼭 새겨 거울로 삼는다면 삶에 지침이 되어 바른길을 가리라 확신한다.

백언불여일행百言不如一行이다. 백 마디 말보다 하나의 행동이 더 나은 법이다. 행동으로 감동을 준다면 그 감동은 오래오래 기억될 것이기 때문이다.＊

행동은 말보다 강하다

"행동은 말보다 강하다."

데일 카네기는 이렇게 말했다. 그렇다. 아무리 말로 떠들어 댄들 한 가지 행동 만도 못 하다. 감동을 주는 행동은 사람들에게 깊은 이미지를 심어준다.

왜 그럴까.

시각적 이미지가 강하게 작용하기 때문이다. 즉 눈에 보이는 것은 즉시 가슴으로 전달된다. 그러나 아무리 말을 앞세워도 실천하지 않는다면 그림의 떡과 같아 의미가 없다.

행동은 몸짓 언어이다.

행동으로 주는 감동은 오래오래 가슴에 별이 되어, 자신이 살아가는 데 있어 삶의 빛이 되어준다.

기분 좋은 말은
적을 친구로 만든다

친절한 한마디는 순교보다도 위대하다.
—마더 테레사

　다음과 같은 말을 듣고 기분 좋아하지 않을 사람, 그 어디에도
없을 것이다. 혹여 있다면 그는 필경 온전한 정신이 아니거나 우리
말을 못 알아듣는 이방인일 것이다.

　"오늘 참 멋지십니다."

　"야, 정말 감동적이다. 내 가슴이 벅차오르도록."

　"네 피아노 연주를 듣고 있으면 마치 천상의 뜰을 거닐고 있는
것 같아."

　"정말, 아름다우십니다. 단연 으뜸이십니다."

　이렇게 기분 좋은 말을 듣노라면, 순간 엔도르핀이 강하게 작용
해 한껏 흥을 돋운다. 그런 까닭에 기분 좋게 하는 말은 자신에게

도 상대에게도 긍정의 에너지가 되어 빛을 발한다.

　영철과 동진은 입사 동기지만 껄끄러운 관계다. 다른 동기들하고는 잘 지내면서도 둘 사이엔 언제나 냉기류가 흐른다. 둘 사이가 이렇게 된 데는 다 이유가 있다.

　신입사원 연수교육을 받을 때 둘은 서로 각기 다른 분임조의 조장이었다. 그때 미션을 내주고 토론을 하는 프로그램이 있었다. 둘은 자존심이 강하고 앞에 나서서 자신의 존재감을 알리는 것을 좋아했다. 말하자면 지는 걸 싫어했다.

　자동차 마케팅에 관한 미션이었는데 주제는 '처음 만난 고객을 설득하는 7가지 방법'이었다.

　영철의 분임조는 머리를 맞대고 상황극을 연출하며 마케팅전략을 짜내느라 골몰하였다. 동진의 분임조 역시 마찬가지였다. 그리고 발표 시간이 되었다.

　발표 순서는 제비뽑기로 하였다. 영철과 동진은 자신들이 먼저 발표하기를 원했다. 제비를 뽑았는데 영철의 분임조가 먼저 발표자가 되었다. 영철의 분임조는 상황극까지 해가며 열심히 해서 많은 박수를 받았다. 동진의 분임조는 네 번째로 하였는데 역시 큰 박수를 받았다.

　모든 발표가 끝나고 결과가 발표되었는데 1등은 영철의 분임조가 2등은 동진의 분임조가 차지했다. 이에 기분이 언짢아진 동진은 식사 시간에 영철에게 빈정거리며 말했다. 기분이 상한 영철은 식사 후 동진을 밖으로 불러내 따져 물었다. 그러자 동진은 자신의 감정을 억제하지 못하고 욕을 하는 등 인격을 모독했다. 이 일로 둘 사이는 마음의 벽을 치고 지내온 것이다.

그러던 어느 날 둘이 함께하는 일이 생긴 것이다. 동진이 상담을 하다 막히는 일이 생겼다. 마땅히 물어볼 사람도 없었다. 그날은 공휴일이었다. 그래서 이리저리 생각을 굴리던 끝에 체면 불구하고 영철에게 전화를 했고, 영철은 말로만 설명하지 않고 직접 가서 동진을 도와주었다. 그리고 기분 좋게 계약을 했다.

"영철아, 넌 실력이 나보다는 한 수 위야. 난 오늘 그것을 분명히 알 수 있었어. 고마워."

동진은 이렇게 말하며 손을 내밀어 악수를 청했다.

"그렇게 말해줘서 정말 고맙다. 그동안 미안했다."

영철은 동진의 손을 잡으며 말했다.

"미안하기로 치면 내가 더 많지. 그때 그 일은 나의 옹졸함으로 해서 생긴 일인데 뭐. 그러고 보면 넌 참 괜찮은 친구야. 우리 앞으로 잘 지내자."

"나도 잘한 거 없기는 마찬가지지 뭐. 그래, 우리 잘 지내자."

둘은 이렇게 말하며 포옹했다.

"자, 오늘은 내가 쏜다. 그러니 넌 그냥 따라만 오는 거야?"

동진이 활짝 웃으며 말했다.

"그래, 좋지."

둘은 시내를 벗어나 인근 야외에서 맛있는 음식을 먹으며 기분 좋게 취했다. 그리고 노래방으로 가서 2시간 동안 신나게 노래하며 그동안 쌓인 묵은 감정을 털어냈다.

듣기 좋은 말은 상대방의 마음을 무장해제 시킨다. 꽉 막힌 마음도 기분 좋은 한마디 말에 스스로 녹아버린다.

한마디의 좋은 말엔 기분을 끌어 올리는 긍정의 에너지가 들어 있다. 이 강력한 에너지가 묵은 감정을 엿가락처럼 녹여버리는 것이다.

사람이 살다 보면 부부 간에도, 부모 자식 간에도, 친구 간에도, 직장 동료 간에도 감정을 지극하게 된다. 이런 경우 먼저 다가가 기분 좋게 말하라. 그러면 대개 감정의 앙금은 사라지고 예전처럼 돌아가 좋은 관계를 이룸으로써 즐겁게 생활하게 된다.

영철과 동진은 똑같이 차장으로 승진해 찰떡궁합을 자랑하며 동료 직원들의 싫지 않은 질투를 받고 있다.

"기분 좋은 말은 적을 친구로 만든다."

이 말을 가슴 깊이 새겨 실행에 옮길 수 있다면, 인간관계에서 우위를 점하며 보다 긍정적이고 능동적인 삶을 살아가게 될 것이다.*

천금보다 소중한 참 좋은 말 한마디

말 한마디에 살고 죽는다는 말이 있다. 말 한마디는 그만큼 중요하다는 것을 단적으로 뜻하는 말이다.

절망에 빠진 사람에게 "용기를 내라. 이번 일만 잘 극복하면 당신은 잘될 수 있다."라고 말하며 격려한다면 그 사람은 살기 위해 힘을 낼 것이다. 하지만 "당신은 이미 끝났어. 아무리 해 봐도 희망이 안 보여."라고 한다면 다시 일어날 생각을 포기해버린다.

실제로 무너진 굴에 갇힌 사람들이나 참혹한 절망 가운데 놓인 사람들에겐 두 가지 현상이 뚜렷하게 나타났다고 한다. 희망에 찬 사람들은 살았고, 절망에 빠져 포기한 사람들은 죽었던 것이다.

한마디 말도 신중하게 해야 한다. 한마디 말은 사람을 살리기도 하고, 죽게도 한다는 사실을 기억하라.

소통을 방해하는 12가지

01 쓸데없이 비평하기

비평은 상대방의 자존심을 자극한다. 좋은 말은 아무리 해도 부족하지만, 비평은 그 어떤 것일지라도 삼가야 한다. 비평을 통해 좋게 되는 경우는 거의 없다. 사람은 누구나 자신이 중요한 사람이라고 생각하기 때문이다.

02 함부로 말하기

함부로 말하는 사람들을 종종 보게 된다. 육두문자를 남발하거나 심지어는 욕을 퍼붓기도 한다. 또한 함부로 행동하여 기분을 불쾌하게 만든다. 이는 상식 이하의 언행일 뿐이다. 이런 사람과의 소통은 꽉 막힌 불통이 되어 인간관계를 단절시킨다.

03 상대방을 낮춰보는 태도

상대방을 은근히 낮춰보는 사람이 있다. 이런 부류의 사람은 교만

하고 거만하다. 자기과시욕이 강하고 허풍이 심하다. 한 마디로 실속이 없이 겉치레에만 신경을 쓴다. 사람들은 자신을 깔보는 사람을 벌레보다도 싫어한다. 자존심을 완전히 개떡으로 만들어 버리기 때문이다.

04 모든 것을 자기 입장에서 생각하기

자기중심적인 사람을 말한다. 하나에서부터 열까지 자기 마음대로 하려고 한다. 이런 사람은 마치 자폐적인 성향이 짙다. 사람들과의 관계에서 어울리지 못하고 물에 기름 돌 듯한다. 소통의 단절을 가져오기 딱 적합한 인간형이다. 사람은 누구나 자기 입장이 있다. 상대방의 입장을 무시하는 것처럼 바보 같은 짓은 없다.

05 무성의한 태도

상대방과의 대화에서 무성의한 태도를 보이는 것은 상대에 대한 결례이다. 사람은 누구나 자기 얘기를 잘 들어주는 사람에게 호감을 느끼고, 그 사람과의 교류를 원한다. 그런데 듣는 둥 마는 둥 딴 짓거리를 하거나, 딴 곳을 쳐다보거나, 손가락으로 장난을 하거나 다리를 흔드는 것은 상대방을 불쾌하게 하여 소통의 단절을 가져온다. 무성의한 태도를 좋아하는 사람은 단 한 사람도 없다. 인간관계에서 이를 매우 조심해야 한다.

06 남과 비교하기

감정을 상하게 하는 것 중 하나가 자신을 남과 비교하는 것이다. '누구는 키가 큰데 너는 왜 작니'라든가 '누구는 돈을 잘 버는데 너는 왜 그 모양이니'라든가 '누구는 몸매가 끝내주는데 너는 왜 몸매에 라인이 없니'라든가 하는 질문은 자살 행위이다. 남과의 비교는 자존심을 극도로 상하게 하고 분노하게 하는 불통의 원인이 된다. 내가 비교를 당하기 싫으면 상대방 역시 싫다는 것을 명심해야 한다.

07 중간에서 말 끊기

흥이 나서 말하는 데 중간에서 잘 끊는 사람이 있다. 이런 사람처럼 얄미운 사람은 없다. 생각해보라. 열심히 말하는데 말을 끊어버리면 기분이 어떨까를. 완전 벌레 씹은 기분이 들 것이다. 경청은 상대방에 대한 기본적인 예의이다. 그런데 말을 중간에서 싹둑 잘라버린다는 것은 상식에서 벗어나는 천박한 행위이다. 이처럼 상식에 벗어나는 행동은 인간관계에서 독약을 마시는 것처럼 치명적이라는 것을 잊어서는 안 될 것이다.

08 불필요한 논쟁하기

사람을 기분 나쁘게 하는 것 중 하나가 논쟁이다. 왜냐하면 논쟁은 그럴듯해 보이지만 실은 인간관계를 깨뜨려 버리는 못된 방식이기 때문이다. 논쟁을 하다 원수지간이 되는 경우를 흔히 보게 된다. 성숙하지 않은 논쟁은 인간관계를 불통으로 만들어 버린다. 그러면 논쟁은 왜 긍정적인 면보다 부정적인 면이 더 강한가. 그것은 지기 싫어하는 사람들의 마음에 기인한다. 사람은 본능적으로 상대방보다 자신이 더 낫다고 생각한다. 그런데 논쟁은 이런 본능적인 마음을 깡그리 무너뜨려 버린다는 사실이다. 논쟁의 유혹에 절대 빠져들지 말라.

09 불손한 태도

대화 도중에 비딱하게 앉거나 벽에 기대거나 발로 툭툭 치고 장난하는 태도는 상대방의 머리에서 김 나게 하는데 딱이다. 완전 자신이 무시당한다는 생각이 들기 때문이다. 아무리 성인군자라고 해도 이런 태도를 용납할 사람은 없다. 불손한 태도는 소통에 있어 금물이다. 그러기 때문에 의도적인 것이 아니라 습관적인 것이라 할지라도 반드시 고쳐야 한다.

10 명령하듯 말하기

사람들 중엔 상대방에게 명령하듯 말하는 사람이 있다. 마치 자기가 상사나 윗사람인 것처럼 말이다. 이런 태도는 상대방의 감정을 매우 불쾌하게 한다. 그래서일까, 실제로 이런 일로 인해 싸움이 일어나는 것을 흔히 목격하게 된다. 사람은 누군가로부터 지시받는 것을 싫어한다. 자신이 소중하다고 여기기 때문이다. 그러므로 명령하듯 말하기는 절대 금물이다.

11 깐죽거리는 행위

주는 것 없이 미운 사람이 있다. 바로 깐죽거리는 사람이다. 이런 사람은 자신과 아무 상관 없는 일에도 끼어들어 배 놔라, 대추 놔라 하며 깐죽거린다. 바둑을 두는 사람보다 훈수하는 사람이 더 얄밉듯이 말이다. 자신과 상관없는 일엔 함부로 끼어들지 말라. 그것처럼 몰상식하고 몰염치한 일이 없음을 유념하라.

12 동문서답으로 대하기

이야기의 본질을 벗어나 말하는 경우이다. 이런 사람은 대인관계에 많은 문제점을 안고 있다. 답답함을 주고, 말을 하고 나서도 찜찜하다. 나중에 딴 이야기를 하는 경우가 종종 있기 때문이다. 동문서답이니 우이독경 등은 대화에 있어 치명적인 오류를 가져온다. 이야기의 본질을 벗어나 제대로 된 소통이 불가하기 때문인데, 항상 이를 염두에 두어야 한다.

단 하나 명심할 것은 자신의 진정성을 보여주어야 한다.

그렇지 않으면

그는 결코 당신과의 꿈의 소통을 원치 않을 것이다.

꿈을 이루고 싶다면 꿈을 이룬 자들과 꿈을 소통하라.

CHAPTER 3

변하지 않는 소통의 핵,
진정성

자연스럽게
티타임 즐기기

한잔의 차에서 느낄 수 있는 기분은 평화, 위안, 순화 가운데 하나다.
—아서 그레이

처음 보는 사람과의 사이에도 그렇고, 오다가다 인사 정도만 하는 사이에도 그렇고 티타임은 아주 중요한 소통의 통로가 된다.

"차, 한잔하시겠어요?"

"차, 한잔합시다."

이런 말들이 의외로 상대방의 마음을 열게 한다. 한잔의 차 마시는 여유가 소통을 유기적으로 이끌어주기 때문이다.

옛 선비들은 한잔의 차를 마시며, 서로의 마음을 열고 세상을 논하고 학문을 논했다. 한잔의 차는 더 이상 한잔의 차가 아니라 마음을 열게 하는 중요한 매개체였던 것이다.

영진은 남편의 인사이동으로 서울을 떠나 원주로 왔다. 전에 몇 번 직장 동료들과 치악산에 다녀간 적이 있어 서먹하진 않았지만, 다음 인사이동 때까진 살아야 한다고 생각하니 이왕이면 잘 지내고 싶었다.

이사한 지 보름이 되었지만 아직은 누구와도 이야기를 나눈 적이 없다. 관리실 직원이나 경비가 전부였다.

어느 날씨 좋은 오후, 아파트 뒤쪽에 나 있는 산책로를 걷다 자기 또래의 여자 세 명이 벤치에 앉아 얘기하고 있는 것을 보게 되었다. 그녀들은 무슨 얘기를 하는지 매우 즐거워 보였다.

영진은 그냥 지나치려다 먼저 인사를 하였다.

"안녕하세요?"

"네. 안녕하세요? 그런데?"

영진의 느닷없는 인사에 단발머리를 한 여자가 말했다.

"네, 저는 얼마 전에 102동으로 이사 왔어요."

"어머, 그래요. 이리 앉으세요."

뿔테 안경을 쓴 여자가 자리를 만들어주며 말했다.

"감사합니다."

영진은 웃으며 자리에 앉았다.

"어디서 오셨어요?"

단발머리 여자가 말했다.

"서울에서요."

"어머, 그래요? 친정이 서울이세요?"

"네."

"서울 어디요?"

뿔테 안경을 쓴 여자가 말했다.

"서초동이에요."

"어머, 그래요. 저는 친정이 신사동이에요."

뿔테 안경을 쓴 여자가 반갑다는 듯이 말했다.

"어머, 그러세요? 같은 고향 분을 만나니 더 반갑네요."

영진은 그녀들과 이런저런 얘기를 하며 즐거운 시간을 보냈다.

"저, 시간 괜찮으시면 내일 우리 집에 놀러 오세요."

영진이 헤어지며 말했다.

"네. 저희야 좋지요."

긴 머리 여자가 생긋 웃으며 말했다.

다음 날 세 여자가 각자 선물을 들고 왔다.

"어머, 그냥 오시지 않고요."

영진은 기분 좋은 표정으로 말했다.

"어떻게 그냥 와요. 그러면 빈손이 부끄럽지요."

긴 머리 여자의 말에 단발머리 여자도, 뿔테 안경 여자도 맞장구를 쳤다.

네 여자는 음식을 나누어 먹으며 즐거운 시간을 보냈다. 그리고 일주일에 한 번씩 돌아가면서 티타임을 갖기로 했다.

그날 이후 영진은 그녀들과 티타임을 가지며 정보도 서로 교환하며, 마트도 같이 가고, 문화 활동도, 취미 활동도 함께하며 낯선 곳에서의 생활을 즐겁게 보내고 있다.

또한 어려운 일이 있으면 서로 도와주고, 집안에 행사가 있으면 발 벗고 나서서 도와주었다.

뻥 뚫린 고속도로에서 차가 막힘없이 달리듯 뻥 뚫린 소통은 인간과의 관계를 매끄럽게 이어가게 한다. 소통을 잘한다는 것은 그만큼 인생을 더 잘 산다는 것이다.

몇 년을 살아도 옆집에 누가 사는지도 모르는 요즘, 영진이 먼저 다가가 소통을 시도했듯 그렇게 해보라. 영진이 낯선 곳에서 즐겁게 생활하듯 당신 또한 그러할 것이다.

소통은 자기 하기 나름이다.*

한잔의 차가 주는 여유

한잔의 차가 주는 여유는 의외로 크다. 친한 사이에도 처음 보는 사이에도 차 한잔 마시면서 이런저런 얘기를 하다 보면 친한 사이에는 더욱 정감이 깊어지고, 처음 보는 사이에도 마음을 열게 된다.

사람들은 말한다.

"요즘 세상은 너무 삭막하고 쓸쓸해!"

그렇다. 사람들은 누구나 그렇게 느끼며 산다.

하지만 그렇게 느끼지 않고도 얼마든지 살 수 있다. 내가 먼저 다가가 마음을 열면, 상대방 또한 마음을 열고 다가온다. 티타임 소통을 통해 마음의 여유를 갖고 친분을 쌓는다면, 아무리 세상이 각박하다고 해도 즐겁게 살아가게 된다.

아름다운 소통,
자선

자선이라는 덕성은 이중으로 축복받은 것이다.
주는 자와 받는 자를 두루 축복하는 것이니 미덕 중에 최고의 미덕이다."
— 윌리엄 셰익스피어

자선慈善은 참 아름다운 일이다. 내가 가진 것을 누군가에게 준다는 것은 쉬운 일이 아니기 때문이다. 그래서 자선은 감동을 주고, 자선을 베푸는 사람이 훌륭한 것이다. 우리나라에서 자선하는 사람들은 잘사는 사람보다는 주로 서민들이다. 선진국과는 사뭇 대조적이다. 선진국은 부자富者들이 자선에 앞장서서 주도하는 데 비해, 우리나라 부자들은 자선하고는 담을 쌓은 것처럼 보인다. 이러한 이유로 우리나라 부자들은 대체로 존경을 받지 못한다.

물론 자기 돈을 내놓는다는 것은 쉬운 일이 아니다. 그러나 가진 자로서의 사회적 책임을 피할 수는 없다. 가진 자는 가진 만큼 사회에 환원할 필요가 있다. 그들이 부를 축적하는 데 있어 사회가

기반이 되어주고, 기회가 되어주었기 때문이다. 하지만 마음에서 우러나지 않는 것을 어찌하겠는가. 자선에 뜻이 있는 사람들이 더 열심히 하는 수밖에 없다.

자선은 인간관계를 아름답게 맺어주는 행복의 소통이다. 그래서 자선을 잘하는 사람이 더 삶을 가치 있게 살고 행복한 것이다.

미국의 석유왕 존 D. 록펠러John D. Rockefeller를 보자.

그는 석유로 많은 돈을 벌었다. 그렇게 힘들게 번 돈으로 록펠러 재단을 만들어 사회에 환원하였다. 또한 그는 학교를 짓고, 도서관을 짓는 등 노력을 많이 했다.

그러나 그가 처음부터 자선사업을 한 것은 아니다. 그는 폭리를 취해 사람들로부터 수전노라고 많은 욕을 먹기도 했다. 그랬던 그가 마음을 고쳐먹게 된 건 병으로 죽다 살아난 후였다. 그는 죽으면 돈도 다 소용없다는 걸 깨달은 것이다.

'죽으면 이 많은 돈이 다 무슨 소용이란 말인가. 뭔가 의미 있는 일을 해야겠어.'

이렇게 생각한 록펠러는 자선사업을 하며 보람된 삶을 살았다. 그가 즐겁게 생활하자 의사로부터 사망선고를 받았던 그는 백수를 누리며 영화로운 삶을 살았다.

록펠러의 자선은 많은 사람에게 나눔의 중요성을 알게 하고, 의미 있는 삶을 생각하게 하는 계기가 되었다.

우리나라에도 기업가로서 모범적인 자선을 보여준 사람이 있다.

유한양행의 창업주인 유일한이다. 그는 미국에 있는 동안 미국인들이 벌이는 자선 활동을 감명 깊게 보아왔다. 유일한은 미국인들이 했던 것처럼 실천에 옮기고 싶었다. 그는 자신의 의지대로 자선을 하며 아름다운 인생을 살았다.

가끔 매스컴을 통해서 잔잔한 감동을 느낄 때가 있다. 자신의 전 재산을 대학에 기부한 삯바느질 할머니, 자신의 임야를 사회를 위해 기부한 할아버지, 정년퇴임 때 받은 퇴직금을 장학금으로 내놓은 교수, 포장마차를 하며 모은 재산을 기부한 포장마차 주인을 비롯해 이름도 없이 빛도 없이 오른손이 하는 것을 왼손이 모르게 행하는 사람들이 있어 우리 사회는 삭막하지만은 않다.

성경에 옷이 두 벌이 있으면 나눠주고, 먹을 것을 나눠주라는 말이 있다. 사랑을 나누라는 것이다. 사랑을 나눠주는 것은 참 아름다운 일이다.

"돈은 비료와 같다. 쓰지 않고 쌓아두면 냄새가 난다."

이는 《탈무드》에 나오는 말로 돈의 의미를 명료하게 잘 보여준다.

자선은 감동을 준다. 그래서 자선을 하는 사람들이 많은 이들에게 존경을 받고 끊임없이 소통을 이어간다.

자선은 삶을 가치 있게 하는 아름다운 소통이다.*

아름답고 은혜로운 소통, 자선

"자선이라는 덕성은 이중으로 축복받은 것이다. 주는 자와 받는 자를 두루 축복하는 것이니 미덕 중에 최고의 미덕이다."

영국의 극작가이자 시인인 윌리엄 셰익스피어가 한 말로 자선의 참된 의미와 가치를 잘 알게 한다.

자선은 단지 아름다운 행위이며 감동만을 주는 행위가 아니다. 자선은 인간관계에서 소통을 원활하게 해주는 '소통의 윤활유'이다. 자선을 즐겨 하는 사람치고 소통의 부재를 겪는 이들이 없다.

대개의 사람은 자기는 자선을 하지 않으면서도, 자선을 하는 사람을 좋아하고 그와 아름다운 관계 맺음을 바란다.

이를 보더라도 자선은 인간의 삶에서 매우 중요한 부분을 차지하고 있다는 것을 알 수 있다. 가치 있는 삶을 살고 아름다운 소통을 하고 싶다면 자선을 습관화해야 한다.

가슴으로 느끼는
마음의 언어, 프리허그

누군가와 서로 공감할 때, 사람과 사람과의 관계는 더 깊어질 수 있다.
— 오쇼 라즈니쉬

나는 안아주는 것을 참 좋아한다. 안아준다는 것의 의미는 반가움의 표시이며, 감사함의 표시이며, 사랑의 표시이며, 관심의 표시이며, 인사의 표시이다. 내게는 성인이 된 아들과 딸이 있다. 나는 아이들을 만날 때면 사람들이 있든 없든 길 한복판이든 어디든 가리지 않고 아이들을 안아준다.

언젠가 서울 강남 영풍문고 분수대에서 딸아이를 만나기로 약속했다. 얼마를 기다리는데 딸아이가 오고 있었다. 나는 딸아이를 보자마자 반갑게 안아주었다. 그러자 주변에 있던 사람들이 쳐다보았다. 50대 남자가 20대의 여자를 안아주는 것으로 보는 것 같았다. 그러다 딸아이가 "아빠, 어디 아픈 데 없어?"라고 말하자 조금 전과는 다른 표정을 지었다. '으응, 아빠였구나.'라고 생각하는 것 같았다.

우리나라 사람들은 안아주는 것에 익숙하지 않다. 만나면 악수를 하는 게 고작이다. 그러나 나는 생각이 다르다. 안아주는 것이야말로 진정으로 상대에 대한 인사이며 반가움의 표현이라고 생각한다.

호주에 후안만이라는 사람이 있다. 이 사람은 어느 날부터인가 모르는 사람을 안아주기 시작했다. 프리허그 '그냥, 안아드려요'라는 푯말을 세워둔 채.

그가 팻말을 들고 프리허그를 실행했던 것은 캠페인의 의미도 있고, 모르는 사람을 안아주는 것에 대해 이상심리를 가진 사람이 아닐까 하는 오해를 불식시키는 의미도 있다.

처음엔 고개를 갸우뚱거리던 사람들도 점차 그의 뜻을 알고는 프리허그에 동참하기 시작했다. 그러자 프리허그는 순식간에 호주 전역으로 퍼져나갔다. 그리고 외신 및 인터넷 동영상을 통해 전 세계로 퍼져나갔다. 그야말로 프리허그 열풍이 분 것이다.

"프리허그에 대해 어떻게 생각하세요?"

어떤 젊은이에게 기자가 물었다.

"매우 좋다고 생각합니다."

"그 이유는 무엇이죠?"

"안아줌으로써 우리는 동시대를 살고 있는 소중한 사람들이라는 것을 느끼기 때문이지요."

"그렇군요. 앞으로도 프리허그를 즐겨 할 겁니까?"

"네. 그렇습니다."

이번엔 여성에게 질문을 했다. 그 여성 또한 긍정적으로 말했다.

그런데 우리나라 사람들은 프리허그에 대해 긍정적으로 생각은 하면서도 실행하는 것엔 약하다. 그만큼 프리허그에 대한 인식이 부족하다는 의미이다.

언젠가 명동 한복판에서 프리허그 팻말을 들고 실행하는 젊은이를 보았다. 젊은이는 지나가는 여학생에게 프리허그를 했다. 그러자 여학생은 어색한 표정을 지으면서도 방긋 웃었다. 그러자 이번엔 어떤 남자가 스스로 다가와 프리허그를 했다. 아주 자연스러운 모습이었다.

무엇이든 처음이 가장 어렵다. 특히, 사회적으로 보편화되지 않은 것이나 행위는 더더욱 어렵다. 그러나 그럼에도 해야 한다. 그렇지 않으면 아무리 좋은 것도 공상에 지나지 않기 때문이다.

프리허그는 마음과 마음을 열어주는 소통의 요소로 매우 바람직하다. 서양 사람들은 프리허그를 인사처럼 여긴다. 우리나라 사람들도 프리허그를 활성화한다면 지금 보다 더 소통이 잘되는 사회가 되지 않을까 한다.

프리허그는 소통이다.

지금부터라도 당장 프리허그를 실천해 보라. 마음에 여유가 생기고, 따뜻해지는 것을 느끼게 될 것이다.＊

프리허그를 실천하기

프리허그는 서양에서는 악수하는 것처럼 아주 자연스러운 일이다. 그런데 우리나라 사람들은 프리허그에 대한 인식이 자유롭지 못하다. 프리허그는 사랑하는 사람들끼리만 하는 '허그'로 아는 것 같다.

인식의 전환이 필요하다. 프리허그는 인사와 같은 것이다. 프리허그가 좋은 것은 그냥 하는 인사보다 더 친밀감을 느낄 수 있기 때문이다. 이런 친밀감은 서로를 더욱 가깝게 만들어 소통의 흐름을 자연스럽게 해줌으로써 인간관계에 큰 도움을 준다.

무슨 일이든 처음이 어려운 것이다. 처음을 잘 시작하면 자연스럽게 프리허그를 할 수 있다.

인간적인 교감을 느끼게 하는 프리허그는 마음의 언어다. 프리허그를 통해 소통하라.

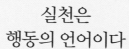

실천은
행동의 언어이다

행동하는 사람 2%가 행동하지 않는 사람 98%를 지배한다.
— 지그 지글러

백 마디 말보다는 한 가지 행동이 더 큰 믿음을 준다. 말은 그것을 실행하지 않는 한 공수표에 불과하다. 행동으로 옮겨졌을 때라야 말로서의 가치가 성립되는 것이다.

나뭇잎이 많은 나무가 요란한 소리를 내는 법이다. 말이 많은 사람 또한 같은 이치다. 그래서 이를 두고 하는 말이 있다. '말이 많은 사람을 경계하라!' 그렇다. 말 많은 사람치고 실속 있는 사람이 별로 없기 때문이다. 말이 많고 실속이 없는 사람을 일컬어 허풍쟁이라고 한다. 즉 뻥만 센 사람이다. 이런 뻥은 아무리 세어봤자 의미가 없다.

정작 중요한 것은 행동이다. 이에 대해 자기계발 전문가이자 동기부여가인 데일 카네기는 이렇게 말했다.

"행동은 말보다 강하다."

영국의 비평가 존 러스킨John Ruskin은 실천적 학문을 주창한 학자로 유명하다. 그는 학문이란 모름지기 실천을 통해서만 진정성을 획득할 수 있다고 믿었다. 그래서 그는 주장하기를 실천이 따르지 않는 학문은 죽은 학문이라고 강조했다. 이 말엔 교육에 대한 그의 명쾌한 철학이 들어 있다.

현대는 학문을 생활 속에 곧바로 적용시키는 실용학문을 추구한다고 해도 무리는 없을 듯하다. 실용적이지 못한 이론적인 학문은 환영받지 못하는 것이 현실이다. 세종대왕이 한글을 만들고, 신분에 구애 되지 않고 장영실 같은 이를 중용한 것은 실용적인 학문이 얼마나 중요한지를 잘 알았기 때문이다. 그랬기에 죽기를 각오하고 반대하는 신료들을 설득할 수 있었다.

이런 점에서 러스킨 또한 세종대왕과 같은 생각을 했다. 그가 실천적 학문을 보여 준 유명한 일화이다.

옥스퍼드 대학 교수로 있던 러스킨이 강의를 하기 위해 비가 퍼붓는 길을 가고 있었다. 길이 좋지 않아 흙탕물이 튀어 그의 옷은 엉망진창이 되었다.

"이런 차림으로 어떻게 강의를 한담?"

러스킨은 흙탕물로 얼룩진 옷을 보며 중얼거렸다.

간신히 강의실에 도착한 러스킨은 학생들에게 말했다.

"여러분, 여러분은 왜 경제학을 배우지요?"

그러자 한 학생이 일어나 러스킨이 가르쳐준 대로 대답했다.

"경제는 자신과 다른 사람들에게 이익을 추구하는 것이라고 배웠습니다."

그러자 러스킨은 미소를 띠며 재차 질문을 했다.

"지금 내가 강의실로 오는 동안 길이 좋지 않아 옷을 버렸어요. 이에 대해 여러분은 어떻게 해야 한다고 생각합니까?"

그러자 어떤 학생이 말했다.

"그야 당연히 길을 고쳐야 한다고 생각합니다."

"그렇군요. 자, 여러분, 우리 함께 길을 고치는 게 어때요?"

러스킨은 당장 나가서 길을 고치자고 말했다. 그의 말에 학생들은 모두 일어나 비 오는 길에 나가 길을 고쳤다고 한다.

이 일이 있고 난 후 옥스퍼드대학에서는 학문이란 반드시 실천되어야 한다는 러스킨의 가르침을 받들어 그 길을 '러스킨의 길'이라고 이름 붙였다고 한다.

그런데 여기서 한 가지 흥미로운 것은 수재들만 모인 옥스퍼드대학 학생들이 러스킨의 말대로 비 오는 길에 나가 길을 고쳤다는 것이다. 학생들이 그의 주장에 대해 이의를 제기하지 않았다는 건 그만큼 러스킨의 말이 옳다고 믿었기 때문이다. 학생들이 러스킨의 말을 믿은 것은 학문에 대한 그의 철학을 높이 평가했기에 가능

했었다. 만약 그렇지 않았다면 괴팍하고 이상한 교수로 낙인찍히는 결과를 맞게 되었을 것이다.

이처럼 실천적인 행동은 참으로 놀라운 것이다. 실천하는 행동은 사람들을 끌어들이는 강한 흡인력을 가지고 있다는 사실을 잊지 말아야 한다. 그래서 실천력이 좋은 자가 사람들에게 깊은 호감을 주고, 많은 사람이 그와 소통하며 함께하길 원한다.

"어떤 일이 잘되기를 바란다면, 직접 하라."

나폴레옹이 한 이 말이 실천의 의미를 명료하게 잘 보여준다.

실천은 행동의 언어다. 그러기에 언어와 행동은 일치가 되어야 한다. 실천의 소통이 왜 강한 힘이 있는지를 분명하게 인지했으리라 생각한다.

자신이 사람들에게 믿음을 주고 싶다면, 말을 너무 많이 하지 말아야 한다. 그것은 역효과가 될 수 있다. 그러나 실천은 많이 할수록 좋다. 그것은 곧 나는 하면 한다는 강한 의지를 보여주는 소통의 언어이기 때문이다.*

실천은 말보다 힘이 세다

한 가지 실천은 백 마디 말보다 힘이 세다.

왜 그럴까?

직접 행동함으로써 자신의 믿음을 상대방에게 보여주기 때문이다. 보고도 안 믿을 수는 없으니까.

백 마디 말도, 천 마디 말도 한 가지 실천에는 미치지 못하는 것은 바로 그런 이유에서다.

인간관계에서 중요한 것은 말이 아니다. 그 말을 행동으로 보이는 것이 더 중요하다. 실천은 행동의 언어이다.

자신이 상대방과 진정한 소통을 바란다면, 말은 줄이되 똑똑하게 행동해야 한다. 사람은 누구나 말보다는 행동으로 보여주는 사람에게 믿음을 보이는 법이다.

벽을 문으로 아는
혼자만의 소통

교만은 인간이 빠지기 쉬운 것이며, 인간이 극복하기 가장 어려운 것이다.
—아우구스티누스

독불장군이라는 말이 있다. 교만하여 뭐든지 자기 멋대로 결정
하고 자기 멋대로 하는 사람을 일컫는 말이다. 이런 사람에게는 남
의 생각은 중요하지 않다. 아니, 아예 생각조차 하지 않는다. 소통
이라고는 없다. 무조건 일방통행이다. 이런 사람에게 이의를 제기
해봤자 돌아오는 거라고는 냉대와 불평뿐이다.

로마 시대의 폭군 네로, 조선 시대의 연산군, 아프리카의 대표적
인 폭군 이디 아민, 이라크의 폭군 사담 후세인, 모로코의 폭군 카
다피 등은 독불장군의 대명사이다.

이들의 공통점은 소통의 불능과 비참한 최후를 마쳤다는 것이
다. 소통이 단절되면 반드시 좋지 않은 결과에 봉착하게 된다. 역

사는 그것을 잘 말해주고 있다.

이에 관한 이야기이다.

이탈리아의 파시즘 독재자 베니토 무솔리니^{Benito Mussolini}는 폭력과 싸움을 일삼는 아버지 밑에서 보고 자랐다. 다행히 그의 어머니는 현명한 여자였다. 무솔리니는 초등학교 교사인 어머니의 영향으로 역시 초등학교 교사가 되었다. 하지만 그의 가슴 한구석엔 야망이 불타고 있었다. 그 또한 아버지의 영향으로 폭력적인 기질이 있어 투쟁을 좋아했다.

무솔리니는 이탈리아를 강하게 만들어야 한다는 꿈을 품고 기회를 엿보고 있었다.

그러던 중 전쟁으로 인한 혼란과 무질서 등으로 이탈리아 사회는 어수선했다. 무솔리니는 이런 사회적 분위기를 가라앉히는 데는 폭력만이 최선이라고 생각해 파쇼주의를 부르짖고, 당을 조직했다. 당원이 무려 30만 명이나 되었다.

'자, 이제부터 내 뜻을 제대로 펼쳐나갈 것이다.'

이렇게 생각한 그는 국왕을 만나러 갔다.

"폐하, 지금 이 상태로는 제대로 된 이탈리아가 될 수 없습니다."

무솔리니는 국왕에게 큰소리로 외쳤다.

"그럼, 어떻게 해야 한다고 생각하는가?"

국왕은 겁에 질려 말했다.

"저한테 복안이 있습니다."

"복안이라? 그러면 내가 어떻게 해주면 좋겠는가?"

"제게 모든 권력을 주십시오. 그러면 증명해 보이겠습니다."

무솔리니는 이렇게 말하며 국왕을 쳐다보았다. 그의 눈에는 권력의 의지가 이글거렸다. 자기의 생각대로 따르지 않으면 당장이라도 국왕을 폐위시킬 기세였다. 두려움에 젖은 국왕은 어쩔 수 없이 그의 손을 들어주었다.

"좋다. 그리하라."

"감사합니다. 폐하."

무솔리니는 만면에 웃음을 짓고는 밖으로 나왔다.

그는 국왕을 협박하고 권력을 얻어내는 데 성공했다.

"지금부터 나의 뜻을 반대하는 자들은 그가 누구든 따끔하게 혼을 내서 쫓아 보내라."

무솔리니는 정적을 몰아내기 위해 강경책을 썼다.

그는 반대파들을 무자비하게 제거하고 자기 뜻을 하나하나씩 펼쳐나갔다. 그에게 협의는 없었다. 무조건 자기의 생각을 밀어붙였다.

무솔리니는 폭력만이 살길이라고 여겨 국민의 반감을 사기에 이르렀다.

"무솔리니는 폭력을 중단하라!"

그의 폭력에 국민의 분노는 쌓여만 갔다. 그러나 무솔리니는 개의치 않았다. 국민과 담을 쌓는 일을 무시로 해댔다.

무솔리니는 여기서 그치지 않고 나아가 에디오피아를 점령하고 학대를 일삼았다. 그러자 국제적 비난이 빗발쳤다. 그래도 그는 눈 하나 깜빡하지 않고 폭력을 일삼았다.

독일이 제2차 세계대전을 일으키자 무솔리니 또한 전쟁에 가담하여 수많은 사람을 죽음으로 몰아넣었다.

이에 영국과 프랑스를 비롯한 연합군은 히틀러와 무솔리니를 제거하기 위해 전쟁을 벌였다. 전쟁은 매우 치열했다. 그러나 연합군의 기세에 눌려 독일은 항복했고, 이탈리아 또한 패하고 말았다. 이렇게 되자 무솔리니는 도망을 치기에 이른다. 그는 여기저기 떠돌며 살기 위해 안간힘을 다했다.

언제나 정의가 이기는 법, 무솔리니는 은신처에서 숨어 지내다 발각되고 말았다. 그리고 총살을 당해 비참한 최후를 마쳤다.

여기서 중요한 사실을 발견하게 된다. 강한 이탈리아를 만들겠다는 그의 취지는 좋았으나 그 방법론에 문제가 있었다. 그는 교만에 빠져 다른 사람의 의견을 반영하지 않고 독단적으로 생각하고 처리했다. 이것이 그의 큰 실책이었다. 의견을 무시당한 사람들은 하나같이 독기를 품었다. 기회가 오면 그에게 보복하겠다고 이를 악물었던 것이다.

권불십년權不十年이란 말이 있다. 아무리 막강한 권력도 10년을 못 간다는 얘기다. 권력의 무상함을 잘 알게 해주는 말이다.

무솔리니가 실패한 인생이 될 수밖에 없었던 것은 소통의 문제에 있었던 것이다. 소통이 불능 상태에 빠지면 아무리 능력자라고 해도 한계에 부딪힐 수밖에 없다.

인간관계의 모든 실패는 소통의 부재에서 온다.

노사가 소통에 문제가 있으면 그 기업은 제대로 굴러갈 수 없다. 언제나 노사분규로 골머리를 썩인다. 소비자와 소통에 문제가 있는 기업은 망할 수밖에 없다. 소통의 단절로 인해 소비가 되지 않기 때문이다.

인간관계에서 소통이 차지하는 비율은 절대적이다. 자신의 삶이 잘되어지길 바란다면 소통에 문제를 일으키지 말아야 한다. 소통에 이상이 생기면 반드시 개선해야 한다. 그러지 않으면 소통의 문제가 되어 혼자만의 세계에 갇히고 만다.

혼자만의 소통은 아무런 의미가 없다. 무솔리니가 그랬듯 실패한 인생으로 끝나게 될 뿐이다.＊

혼자만의 소통은 자멸을 부른다

지혜로운 사람은 소통의 중요성을 잘 안다. 소통이 안 되면 인생이 막힌다는 것을 알기 때문이다.

소통이 막히면 자신의 모든 인생도 막히게 되는 것이다. 소통을 잘하는 사람들은 마음이 항상 오픈되어 있다. 오픈된 마음에는 막힘이 없다. 무엇이든 받아들이려고 노력한다. 받아들일 것은 받아들이고, 아닌 것은 슬기롭게 처신하면 된다.

하지만 혼자만의 생각에 갇힌 사람은 마음이 닫혀 있다. 그러다 보니 사사건건 소통에 문제를 일으킨다. 소통의 부재는 자신을 파멸시키는 독毒이다.

혼자만의 소통을 중단하고, 오픈 마인드로 자유롭게 소통하라.

원자탄보다도 무서운
세 치의 혀

입은 재앙의 문이다.
―풍도의 <설시>

"부정한 혓바닥은 부정한 손보다 더 나쁘다."

《탈무드》에 나오는 말이다.

부정한 혀란 무엇을 말함인가.

첫째, 상대방을 비난하는 것을 말한다. 근거 없는 비난은 사람을
죽이는 것만큼이나 치명적이다. 비난은 그 어떤 것일지라도 백해
무익하다.

둘째, 함부로 말하는 것을 말한다. 앞뒤 생각 없이 감정이 시키
는 대로 막말을 하는 것은 상대방에게 찬물을 끼얹는 것과 같다.
말은 가려서 해야 한다는 것은 이를 두고 하는 말이다.

셋째, 자기의 이익을 위해 온갖 말로 아첨하는 것을 말한다. 자신의 유익을 위해서라면 없는 말도 갖다 붙여 갖은 아양을 다 떤다. 그러다 보니 근거도 없는 말을 하기도 하고, 금방 드러날 일도 사실인 양 떠벌려댄다.

이 세 가지의 예를 보더라도 부정한 혀가 얼마나 나쁜 것인지를 잘 알 것이다. 지금 우리 사회는 비난의 족쇄에 갇혀 있는 양상이다. 정치하는 이들은 서로를 꾼이라고 손가락질해댄다. 뭐 묻은 개가 겨 묻은 개를 나무라는 꼴이라니, 눈꼴이 신 국민은 치를 떨 정도다.

썩어도 그렇게 썩을 수가 있을까. 이 모두가 세 치 혀를 잘 못 놀리는 까닭이다.

세 치 혀의 무익함을 잘 알게 하는 이야기이다.

절세미인의 대병사인 양귀비.

당나라 현종은 아내가 죽자 아들의 처이자 자신의 며느리인 양귀비를 아내로 삼았다. 이는 사람으로서 해서는 안 될 일이지만, 양귀비란 인물이 그만큼 요사스러운 여자라는 걸 알 수 있다. 현종은 정치를 잘해 백성들로부터 칭송이 자자했는데 양귀비를 아내로 삼고 나서 달라지기 시작했다.

"황제 폐하, 제가 좋사옵니까?"

"아무렴. 좋다 말다. 목소리는 꾀꼬리가 따로 없고, 인물로 치자면 세상천지에 으뜸이로다. 그런데 어찌 좋지 않을 수 있단 말인고. 좋다, 아주 좋다. 오늘 맘껏 취해보자꾸나."

"네, 폐하."

현종은 양귀비의 미색에 빠져 정사를 돌보지 않고 치마폭에 매달려 지냈다. 매일매일 술과 가무를 즐기다 보니, 신료들은 신료들대로, 백성은 백성들대로 원망이 자자했다.

그래서 충언이라도 하면 황제를 능멸한다는 죄로 핍박을 가하니, 할 말이 있어도 눈치만 살피는 형국이었다.

할 말을 못 하면 소통에 문제가 생긴다. 당나라 조정은 말이 아니었다. 한마디로 중구난방이었다. 황제가 여자에게 빠지자 꼴이 말이 아니었다. 게다가 양귀비 일가가 득세하니 더 말해 무엇하랴.

그런데 이런 양귀비에게 좋지 않은 징후가 생기기 시작했다. 양귀비 오빠인 양국충이 방자하게 굴며 전횡을 일삼으니 충신들이 나서서 그의 목을 베었다. 그리고 양귀비에게 죄를 물으니 양귀비가 목을 매 자결하였다.

한 여자의 부정한 세 치 혀에 놀아난 현종은 실정失政한 왕이 되는 불행한 자가 되었다. 부정한 자의 혀는 악귀와 같다. 모든 것을 한순간에 쓸어버리는 쓰나미보다도 무섭고, 원자폭탄보다도 무섭다.

말은 조심해서 해야 한다. 잘못된 한마디 말은 인생을 한순간에 무너뜨리고, 힘들여 쌓아 올린 성공의 탑을 여지없이 날려버린다.

지금 우리 사회는 잘못한 말 때문에 자신의 인생을 완전 개떡으로 만들어 버리는 사람들로 연일 시끄럽다. 말 때문에 정치인들이 감옥에 갇히고, 방송 프로그램에서 잘리는 등 한마디 말이 얼마나 중요한지를 잘 보여주고 있다.

《탈무드》에서는 가장 좋은 것도 혀요, 가장 나쁜 것도 혀라고 말한다.

그렇다. 아름다운 말, 칭찬의 말, 격려의 말, 꿈을 주는 말, 용기를 주는 말, 사랑의 기쁨을 주는 사랑의 말은 가장 좋은 말이다.

그러나 상처를 주는 말, 아픔을 주는 말, 비난을 퍼붓는 말, 의지를 꺾는 말은 가장 나쁜 말이다.

좋은 말은 아무리 해도 문제가 없다. 하면 할수록 좋다. 좋은 말은 소통을 원활하게 해주고 상대방과의 우호 증진에도 큰 도움을 준다. 하지만 나쁜 말은 하면 안 된다. 사람을 화나게 하고 짜증스럽게 한다. 나쁜 말은 소통을 가로막고 상대방과 등을 지게 만든다.

말은 대표적인 소통 수단이다. 원만한 인간관계를 위해 소통을 즐기되, 말을 잘 가려서 해야 한다. 잘못한 말은 아니 한 것만 못하다.＊

한마디 말도 신중히 하기

"말 한마디에 천 냥 빚을 갚는다."
이 속담에서도 알 수 있듯 말을 잘하면 천 냥 빚도 탕감받는
다. 좋은 말은 감동을 주고 기분을 좋게 하기 때문이다. 또한
말을 잘하면 자다가도 떡이 생긴다. 하지만 잘못한 말은 공
들여 쌓은 탑을 한순간에 무너뜨린다.
말이란 잘하면 득이 되고, 잘못하면 실이 된다.
잘한 말은 상급이 되어 돌아오지만, 잘못한 말 때문에 감옥
에 가고, 말 때문에 명예가 실추되고, 말 때문에 인생을 망쳐
버린다.
혀는 세 치밖에 안 되지만 그 위력은 원자폭탄보다도 강하
고, 수소 폭탄보다도 강하다.
말은 잘해야 한다. 말은 소통하는 데 있어 가장 대표적인 수
단이다.

소통의 윤활유
오픈 마인드

●

의외로 사람들은 자신의 마음은 닫아 놓고 상대방이 이야기해주길 원한다.
상대방이 바보가 아닌 이상 마음을 열어 보여주지 않는 사람에게 마음을 여는 일은 없다.
— 저자

생각이 깨어 있는 사람, 까칠하지 않고 남의 얘기에 귀 기울이는 사람은 오픈 마인드를 가진 사람이다. 이런 사람은 어떤 얘기에도 귀를 세워 듣고, 타인을 존중하며, 배려하는 마음이 뛰어나다. 그러나 옹졸한 사람은 마음이 꽉 막혀 자신에게 조금이라도 불리한 얘기나, 언짢은 얘기엔 쉽게 화를 내며 자신의 감정을 그대로 드러낸다. 닫힌 마음은 사람을 옹졸하게 만든다. 그래서 닫힌 마음을 가진 사람들은 소통에 장애를 일으켜 인간관계가 매끄럽지 못하다.

소통을 잘하고 인간관계를 아름답게 이어가려면 오픈 마인드를 길러야 한다. 오픈 마인드는 상대방의 마음을 열게 하고, 인간관계를 부드럽게 하는 '소통의 윤활유'이다.

아침 일찍 누군가 이 길을 다녀갔습니다.
다음에 올 누군가를 위해 조롱박 하나를
샘물 곁 납작한 돌 위에 가지런히 올려놓고
푸른 바람같이 다녀갔습니다.
목이 마르면 목을 축이라는 살뜰한 마음은
국화 향으로 피어 여린 풀꽃 나무 잎새마다
영롱한 이슬이 되어 반짝입니다.
선명히 찍힌 발자국마다엔 따스한 온기가 서려
방울방울 방울꽃으로 피어나고
머물렀던 손길마다 은총이 되어
새벽 종소리로 가득 찹니다.
가난한 마음이 되기 위해
우리는 얼마나 낮아졌는지요.
새벽을 열고 이 길을 걸어가는 누군가를 위해
이슬 젖은 풀잎을 닦아주는 데도 작은 용기가 필요하듯
우리는 사랑의 밀알이 되어
하나의 마음으로 푸른 하늘을 받치고 우뚝 솟는
겸손과 미덕의 꽃이 되어야 합니다.

오래전에 내가 쓴 시이다. 이 시에는 마음에 깊은 울림을 주는,

작지만 아름다운 손길에 대한 사연이 있다.

당시 내가 살던 아파트는 도심지에 있으면서도 나지막한 산으로 둘러싸여 있었고, 무성한 나무숲이 병풍처럼 빽빽이 들어차 있어 도시의 삭막함을 잊게 해주었다. 게다가 시도 때도 없이 지저귀는 맑은 새소리는 그 청아함을 더해 묵은 마음을 씻어 내리는 데는 더할 나위 없이 좋은 동네였다.

그리고 산 중턱에 있는 맑은 샘물은 그 맛이 깔끔하고 시원해서 한 번이라도 그 물맛을 본 사람이라면 여지없이 다시 찾아오는 명물이었다. 나 또한 샘물의 마력에 빠져 산책을 하고 나면 꼭 샘물에 들러 마른 목을 축이곤 했다. 그런데 샘물 옆 납작한 돌 위에는 줄에 매단 조롱박이 가지런히 놓여 있었는데, 나는 누가 그렇게 했는지 몹시 궁금했다.

여러 사람이 쓰는 데는 질기고 단단한 플라스틱 바가지가 제격인데 자칫 잘못하면 깨지기가 십상인 조롱박이 놓여 있어 나의 궁금증은 더해만 갔다.

그러던 어느 날 우연히 산책을 나갔다가 마침 새 조롱박을 매달고 있는 일흔이 넘어 보이는 어르신을 만나게 되었습니다. 그 어르신은 정성을 다해 조롱박에 줄을 매달았다. 그리고 '뒤에 오는 사람을 위해 깨끗이 사용 합시다'라는 조그만 푯말을 샘물 옆에 있는 나뭇가지에 걸어 놓았다.

나는 반가운 마음에 얼른 말을 건넸다.

"어르신, 수고가 많으시네요."

"수고는 무슨, 내가 좋아서 하는 일인데."

"저는 여기 올 때마다 조롱박을 준비해 놓으신 분이 누군지 몹시 궁금했는데 오늘에야 그 궁금증이 풀렸습니다."

"별것도 아닌데 궁금하기는……."

어르신은 대수롭지 않다는 듯 말했다. 그 모습에는 남을 배려하는 마음이 영롱히 담겨 있었다.

"그런데 어르신, 플라스틱 바가지가 단단하고 오래 쓸 텐데 왜 깨지기 쉬운 조롱박을 매달아 놓으시는지, 그 이유를 여쭤봐도 되겠습니까?"

"무슨 특별한 이유가 있겠어? 그저 옛것을 쓰던 습관이 남아서 그렇지 뭐. 플라스틱은 딱딱한 것이 왠지 거부감이 느껴져. 그런데 조롱박은 따스한 숨결이 느껴지지. 그래서 난 그게 무척 좋아."

"그럼 조롱박은 어디서 구하시는데요?"

"시골에 있는 조카에게 부탁해서 가져온다네."

"아, 그러셨군요."

"공연히 나 때문에 조카가 안 해도 될 수고를 하지."

"좋은 조카분을 두셨네요."

"그렇지. 까탈스런 내 부탁을 한 번도 거절한 적이 없으니까."

그렇게 말하며 목을 축이는 어르신의 선한 눈빛은 온유함으로 가득했다. 얼굴도, 이름도 모르는 사람들을 위해 정성과 수고를 아끼지 않는 그 모습에서 나는 참사람의 전형을 볼 수 있었다.

어르신은 그 후에도 변함없이 자신이 하는 일을 마치 성스러운 일을 하듯 정성스럽게 했다.

나는 어르신을 통해 남을 위해 마음을 열고 산다는 것이 얼마나 값지고 소중한 것인가를 새삼 깨달았다. 그리고 내 마음을 타고 흐르던 따스한 감흥을 〈첫 발자국〉이라는 시로 써보게 된 것이다.

녹음이 물결을 이루고 꽃이 흐드러지는 계절이 돌아오면, 그때 그 어르신과 만났을 때의 기쁨이 내 마음을 잔잔히 두드리며 사뿐사뿐 다가온다.

이 이야기는 어르신의 됨됨이를 잘 알게 해준다. 나중에 안 일이지만 어르신은 초등학교 교장 출신으로 많은 제자와 사람들로부터 존경을 받는 훌륭한 인품을 지닌 분이었다.

어르신이 존경받는 이유는 그의 오픈 마인드에 있다. 이름도 모르는 사람들을 위해 수시로 조롱박을 걸어두었던 어르신은 평생을 수많은 제자와 사람들에게 마음을 열고 소금과 빛과 같은 삶을 살아온 것이다.

이렇듯 오픈 마인드는 소통을 하는 데 있어 최적의 수단이다. 마음이 열린 사람은 소통을 잘하기 때문이다.

마음을 열고 사람을 대하라. 마음을 열면 상대방도 마음을 열고 다가올 것이다.*

원활한 소통은 오픈 마인드에서 온다

마음을 연다는 것은 상대방의 얘기를 받아들일 준비가 되었다는 것을 의미한다. 반대로, 마음을 닫고 있으면 상대방을 받아들일 준비가 안 되었다는 것을 뜻한다.

마음을 열고 사람을 대하는 것과 닫고 대하는 것은 천지 차이다. 마음을 열면 인간관계가 매끄러워진다. 하지만 마음을 닫으면 인간관계는 답답하고 껄끄러워진다.

원활한 소통은 오픈 마인드에서 온다. 소통을 잘하고 싶다면 마음을 오픈시켜야 한다. 사람들은 오픈 마인드를 가진 사람에게 매력을 느끼고 그와 함께하길 바란다.

마음을 여는 당신이 돼라.

분위기를 리드하는
센스 있는 소통

사람이 사람을 헤아릴 수 있는 것은 눈도 아니고 지성도 아니며 오직 마음뿐이다.
— 마크 트웨인

마음이 굴곡지지 않은 사람은 타인을 생각하는 마음이 깊다. 타인이 어려운 일에 처했을 때 자기의 일처럼 나서서 도와주고, 여러 사람 앞에서 망신당할 상황에 놓였을 땐 센스 있게 그 상황에서 빠져나가게 해준다.

센스 있는 마음은 굴곡지지 않은 마음이다.

사람이 살아가다 보면 어쩌지 못하는 상황에 놓일 때가 있다. 이럴 때 센스 있는 말 한마디, 센스 있는 행동은 구세주와도 같다.

생각해보라. 난처한 상황에서 갈팡질팡할 때의 그 당혹스러운 마음이 어떠한가. 센스는 있는 마음은 모두를 하나로 이어주고, 한마음이 되게 하는 소통의 언어이다.

센스 있는 마음이 얼마나 아름다운 소통이 되는지를 잘 알게 해
주는 이야기이다.

영국의 명장 웰링턴Wellington은 용장이자 덕장이며 지장이다.

그가 프랑스 영웅 나폴레옹의 군대를 이기고 돌아오자 영국 전
역이 떠들썩하였다. 영웅 중의 영웅인 나폴레옹을 꺾었으니 그 기
쁨은 이루 말할 수 없었다.

여왕은 승리를 축하하는 환영 연회를 열어 웰링턴과 병사들을
초대하였다. 연회장에는 영국의 쟁쟁한 귀족들과 정치가를 비롯해
많은 축하객으로 가득하였다.

"친애하는 여러분, 오늘 이 자리에는 조국의 이름을 빛내고 우리
의 위상을 만방에 떨치고 돌아온 웰링턴 장군과 그의 병사들이 있
습니다. 그들의 용기와 애국심에 경의를 표하며 우리 모두 그들을
큰 박수로 환영합시다."

여왕의 말이 끝나자마자 우레와 같은 박수가 터져 나왔다.

"존경하는 여왕 폐하, 귀족 여러분과 정치가 여러분, 저와 병사
들을 위해 이처럼 연회를 베풀어주심에 대해 머리 숙여 감사드립
니다. 앞으로도 저와 우리의 병사들은 여왕 폐하와 조국을 위해 최
선을 다할 것을 굳게 맹세합니다. 감사합니다."

웰링턴은 자리에서 일어나 인사를 하였다. 그러자 함성과 박수
소리로 연회장이 들썩였다.

그리고 이어 맛있는 음식이 나왔다. 아주 먹음직스러운 음식이

었다. 사람들 앞에는 각자 손을 씻는 물이 담긴 유리그릇이 놓였다. 그런데 바로 그때 어떤 병사가 너무 목이 말라 그만 그 물을 마시고 말았다. 그러자 사람들이 웃어댔다. 영문을 모르는 병사는 얼굴이 발개져 어쩔 줄을 몰라 했다. 그 모습을 본 웰링턴이 자리에서 일어나 유리그릇을 들고 외쳤다.

"친애하는 여러분, 우리도 저 용사를 따라 앞에 놓인 물로 건배합시다. 어떻습니까?"

"좋은 생각입니다."

"그래요. 우리도 저 병사처럼 이 물로 건배합시다."

사람들은 기쁨에 취해 있었던 터라 웰링턴의 제안을 기쁘게 받아들였다.

"자, 우리 모두 건배!"

웰링턴이 큰소리로 외치자 모두 '건배!'를 크게 외치며 물을 마셨다. 그러자 당황하던 병사의 얼굴에 미소가 번졌다.

여기서 웰링턴의 기지 넘치는 센스를 잘 알 수 있다. 웰링턴은 자신의 병사가 놀림거리가 되지 않게 하기 위해 센스를 발휘하고, 자신 역시 손 씻는 물을 기분 좋게 마셨다. 이 대목에서 웰링턴이 왜 지략이 넘치는 덕장인지를 잘 알 수 있다. 그는 자신의 병사를 끔찍이도 사랑했던 것이다. 자신의 병사를 이처럼 사랑하는데 어떻게 그런 지휘관을 목숨 걸고 따르지 않을 수 있을까.

웰링턴이 워털루 전투에서 막강한 나폴레옹 군대를 이길 수 있었던 것은 바로 장졸將卒이 하나가 되어 똘똘 뭉쳤기 때문이다.

좋은 상사는 부하직원의 허물까지도 덮어주고, 훌륭한 스승은 문제아도 사랑으로 이끈다. 훌륭한 정치가는 국민을 위해 헌신하고, 훌륭한 코치는 선수의 실수를 감싸주는 센스를 발휘한다.

사람은 누구나 실수를 한다. 실수를 하니까 사람인 것이다. 그런데 실수할 때마다 사람들이 비웃고 조롱한다면 어떻게 될까. 그 직장은, 그 학교는, 그 나라는, 그 팀은 불화로 인해 깨질 수도 있다.

이럴 때 실수를 막아주고, 덮어주는 센스를 보인다면 더욱 끈끈한 직장이 되고, 학교가 되고, 나라가 되고, 팀이 될 것이다.

웰링턴의 소통의 지혜인 센스, 그것을 발휘하는 당신이 돼라.*

매혹적인 소통, 센스 활용법

센스 있는 여성이 남성을 사로잡고, 센스 있는 남성이 여성을 사로잡는다. 센스는 어려운 상황에서 더욱 빛난다. 그것이 센스의 매력인 것이다. 그래서 예부터 센스 있는 사람이 분위기를 잘 이끌고, 그 모임의 리더가 되었다. 센스의 또 다른 이름은 기지奇智이다.

지혜로운 자는 머리 회전만이 빠른 게 아니다. 분위기 파악에 뛰어나고, 상황판단이 빠르다. 그래서 그때그때마다 적절하게 대응함으로써 위기를 넘기고, 어둠을 빛으로 만든다.

당신은 센스가 있다고 생각하는가. 그렇다면 당신은 소통을 잘할 것이다. 그러나 그렇지 않다면 소통의 어려움을 겪을 것이다. 센스를 길러라.

센스는 매혹적인 소통이다.

변하지 않는
소통의 핵(核), 진정성

말 하나만으로도 사람을 하나로 모을 수 있다.
명확하게 말하고 진실만 말하도록 해야 한다.
진실함과 단순함처럼 사람들을 하나로 모으는 것은 없기 때문이다.
—래프 톨스토이

우리 동네에 의류매장이 문을 열었다. 품질도 디자인도 썩 괜찮
아 보였을 뿐 아니라 가격도 중저가라 양복 두 벌을 구입하였다.

양복을 처음 구입할 때 여직원은 물론 사장도 매우 친절하게 대
해주었다. 여러 벌의 옷을 입어보았지만 싫어하는 내색을 보지 못
했다. 또한 이것저것 묻는 말에도 웃음을 잃지 않고 몇 번이고 알
려주었다. 그래서 앞으로는 멀리 갈 것 없이 필요한 옷은 이곳에서
사야겠다고 생각을 했다.

그런데 이런 내 생각을 완전히 바꾸어버리는 일이 벌어졌다. 옷
에 문제가 있다는 걸 뒤늦게 알고 교환을 요구했다. 양복의 상의
뒤에 있는 흠을 보게 된 것이다.

"지난번 살 땐 보지 못했는데, 여기 흠이 있네요."

내 말에 여직원은 고개를 갸우뚱거리며 사장에게 가서 말했다. 그러자 사장이 이곳저곳을 살펴보더니 내게 말했다.

"저, 손님, 우리 매장에는 흠 있는 옷은 없습니다."

"그 말은 내가 흠을 냈다는 겁니까?"

나는 어이가 없어 그를 똑바로 주시하며 말했다.

"아니, 꼭 그런 뜻은 아니지만, 우리 매장의 옷에서는 한 번도 흠이 발견된 적이 없었습니다."

사장은 꼭 내게 문제가 있다는 투로 말했다.

"흠 없는 옷이 어디 있습니까? 다 흠이 있게 마련이지요. 거두절미하고 교환을 해줄 겁니까, 안 해줄 겁니까?"

나는 다른 말 필요 없고 교환 가능 유무만 물어보았다.

"저, 교환은 해드릴 수 없습니다."

"이렇게 명백한데도 못 해주겠다는 말이지요?"

나는 조금 전과는 달리 냉철하게 말했다.

"네. 그건 우리 잘못이 아니니까요."

사장의 말에 기분이 완전히 다운됐다. 나는 더 이상 그곳에 있을 필요가 없었다. 나는 다시는 그곳을 이용하지 않기로 했다. 옷을 팔 때와 너무도 다른 그들의 모습에서 속은 기분이 들었다. 아니, 배신당한 기분이 들었다.

나는 그 뒤로 시내 중심가에 있는 매장을 이용하고 있다. 한 치 앞을 내다보지 못하는 그들의 물건을 더 이상 팔아줄 가치가 없어졌다.

그 일이 있고 나서 얼마 후 매장 사람들이 모두 바뀌었다. 그 이유는 그곳에서 옷을 샀던 사람들이 나처럼 하나같이 어처구니없는 일을 겪게 되자 항의를 한 것이다. 그런데 되레 고객의 잘못으로 몰아세우니 두 번 다시 그 매장에 갈 이유가 없었다.

그러자 매출은 급감했고, 본사에서 매출 급감에 대해 문제를 제기했고, 그 이유가 매장 직원들의 불친절로 드러나게 되자 다른 사람에게 매장을 넘긴 것이다.

옷 팔 때와 옷 팔고 난 후 180도 달라진 그들의 모습에서 인간에 대한 환멸이 느껴졌다. 진정성이 없는 이유에서였다.

사람들은 살아가면서 이처럼 어처구니없는 일을 자주 경험하게 된다. 물건을 팔 때와 팔고 나서 가게 주인이 다른 모습을 보인다면 완전 사기를 당한 기분이 든다. 그리고 두 번 다시 그곳을 가지 않는다.

진정성이 있는 사람이 되어야 한다. 진정성이 있는 사람은 상대에게 함부로 굴지 않는다. 언제나 변함없이 한결같은 모습으로 대한다.

그렇다면 진정성을 기르기 위해서는 어떻게 해야 할까.

첫째, 항상 같은 마음이 유지되도록 해야 한다. 기분에 따라 태도가 수시로 바뀌면 그 사람을 믿지 못하게 된다.

둘째, 상대를 친절하게 대해야 한다. 친절은 그것만으로도 진정성을 느끼기에 충분하다.

셋째, 정직해야 한다. 정직은 상대가 자신을 신뢰하게 만드는 마인드이다.

넷째, 믿음을 주어야 한다. 믿음은 인간관계에 있어 매우 중요한 품격이다. 믿음은 그 자체만으로도 소통이 되기 때문이다.

이 네 가지를 갖출 수 있도록 노력해야 한다. 꾸준히 노력하고 실천하다 보면 진정성 있는 마음이 된다.

진정성이 없는 사람은 그 어떤 것도 해서는 안 된다. 하는 즉시 또는 얼마 후에 하던 일을 멈추게 된다. 진정성은 자신의 존재가치를 끌어 올리는 최상의 소통 마인드이다.*

소통의 방해꾼, 거짓된 행동

진정성 있는 사람과 없는 사람의 차이는 무엇일까?
진정성이 있는 사람은 소통에 문제가 없고, 진정성이 없는
사람은 소통에 문제가 많다. 소통에 문제가 많다는 것은 순
전히 자신의 잘못이다. 남을 탓해 봤자 돌아오는 것은 싸늘
한 시선이다.
거짓 없는 마음이 진정성을 갖게 한다. 그래서 소통을 잘하
는 사람들은 대개 거짓이 없다. 있는 그대로의 자신을 보여
준다.
자신을 절대 포장하지 말고, 억지로 내세우지 말아야 한
다. 진정성 없는 말과 행동은 소통을 방해하는 훼방꾼일
뿐이다.

상대와의 소통을
유리하게 이끄는 8가지 방법

01 의구심으로 상대방의 의도를 추측하지 말아야 한다.

02 서로의 사고방식에 대해 상의해야 한다.

03 자신의 문제를 상대방 탓으로 돌리지 말아야 한다.

04 상대방의 체면을 깎아내리지 말아야 한다.

05 상대방에게 자신의 감정을 발산하는 기회를 주어야 한다.

06 상대방의 말을 적극적으로 듣고 친절한 태도를 보여야 한다.

07 상대방이 이해할 수 있도록 말해야 한다.

08 상대방이 아니라 문제에 대해 맞서야 한다.

－윌리엄 유리

친절은 마음의 벽을 허물게 하고, 동지 의식을 갖게 한다.

저 사람하고 같이 있으면

자신이 행복할 거라는 생각에 잠기게 한다.

친절은 인간관계에 있어 없어서는 안 될 필수 마인드이다.

CHAPTER 4

소통의 골드카드,
친절

웃음은 처음 보는 사람도
마음을 열게 한다

●

웃음은 인간관계의 도로상에 있는 녹색신호이다.
그것은 암흑 속을 안내하는 손이며, 폭풍우 속에서 용기를 안겨주는 것이다.
— 더글러스 미돌

웃음처럼 좋은 소통의 수단이 또 있을까. 웃음은 가장 보기 좋은 이미지를 연출한다. 얼굴이 험상궂은 사람도 웃으면 순하게 보인다.

세계적인 격투기 선수인 밥은 키가 2미터가 넘는, 보기만 해도 두려움이 앞설 만큼 강렬한 얼굴이다. 그런데 이 사람이 우리나라 한 방송 프로그램에 출연하여 웃는 모습은 아주 천진난만한 어린 아이 같았다. 그러자 그에게서 느꼈던 무시무시한 이미지는 온데 간데없이 사라져버리고, 순진무구한 동심적 이미지가 구축되었다.

이를 통해 웃음이란 참으로 놀라운 마력을 가졌다는 것을 다시 한번 느낄 수 있었다.

"웃는 얼굴에 침 뱉으랴."

이 속담처럼 웃는 얼굴은 함부로 할 수 없을 만큼 사람의 마음을 사로잡는다. 잘 웃는 사람이 인간관계도 좋다. 웃음은 강력한 소통의 수단이다.

내가 잘 아는 붕어빵 장수가 있다. 그는 한겨울 추위에도 항상 웃으며 사람들을 대한다. 그는 항상 스마일 맨이다.

"뭐가 그렇게 좋아요?"

"웃으면 그냥 좋잖아요."

뭐가 그렇게 좋으냐고 묻는 내 말에 그는 웃으며 말했다.

'그래, 당신 말이 백번 옳지.'

그런 마음으로 산다는 것은 본인에게도 다른 사람에게도 좋은 일이다. 만일 그가 찡그리는 얼굴을 한다면 어떨까. 그 자신도 그를 보는 사람도 보기가 딱할 것이다.

먹고살기 위해 추운 날씨에 우중충한 얼굴로 서 있으면 누구보다도 본인 자신이 더 힘들 게 뻔하다. 그런데 그는 손님이 있을 때나 없을 때도 항상 웃는 얼굴을 한다.

그래서일까, 그에게는 손님이 많다. 잘 웃으니까 사람들도 그가 구운 붕어빵을 사 먹고 싶은 것이다.

그런데 길 건너 호떡을 파는 집엔 파리만 날린다. 간간이 사람들이 들락거리지만, 붕어빵에 비하면 비할 바가 못 된다.

그 이유는 무얼까. 호떡이 맛이 없어서일까, 아니면 불친절해서 그럴까. 대개 장사가 잘되지 않은 이유는 이 두 가지 원인이 크다.

하지만 그가 장사를 잘 못하는 것은 두 가지 원인이 아닌 다른 것에 있었다. 그는 잘 웃지 않는다. 언제나 입을 꽉 다물고 있다. 더구나 얼굴이 우락부락한데 입을 일자로 꾹 다물고 있으니 거부감을 주기 십상이다. 나부터도 기분 좋게 웃는 사람을 좋아하지, 무뚝뚝한 사람에겐 정이 안 간다.

이는 사람이라면 같은 마음일 것이다. '이왕이면 다홍치마'라는 말이 있듯 인상 좋은 사람의 물건을 팔아주고 싶은 것이다.

"잘 웃지 않는 사람은 가게를 하지 마라."라는 중국 속담이 있다. 이 속담이 의미하는 바는 매우 크다. 잘 웃지 않는 사람에겐 사람이 꼬이지 않으니 가게를 해봤자 결과는 빤하다는 얘기다. 아주 적확한 지적이 아닐 수 없다.

내가 사는 아파트 입구에 슈퍼가 있다. 이 집 주인은 조금은 무뚝뚝한 인상이다. 그러나 실제로는 그렇지 않다. 친절하고, 후한 편이다. 그리고 한 가지 더, 잘 웃는다. 그래서일까 가게엔 손님이 많다. 얼마 전엔 인근에 있는 자그마한 빌딩도 샀다. 요즘처럼 대기업 마트들이 우후죽순처럼 늘어나는 때에 동네 슈퍼를 해서 빌딩을 산다는 것은 그의 장사 수완이 좋다는 방증이라 하겠다.

가게를 잘 운영하는 사람에겐 몇 가지 특징이 있다.

첫째, 사람과의 관계 맺음을 잘한다. 즉 소통을 잘한다.

둘째, 항상 웃는 얼굴을 하여 손님을 편안하게 해준다.

셋째, 친절하고 손님 응대를 잘한다.

넷째, 야박하지 않고 후하다.

다섯째, 인사성이 밝아 오는 사람 가는 사람에게 인사를 잘한다.

이 다섯 가지를 보더라도 인간관계에 있어 문제가 없다는 것을 알 수 있을 것이다.

사람들의 마음을 사로잡는 비결은 사람의 마음이 끌리도록 하는 것이다. 이 다섯 가지는 사람의 마음을 끄는 좋은 소통 수단이다.

나도 한때는 잘 웃지 않았다. 물론 속으로야 웃었지만 말이다. 속으로 웃는 웃음은 김이 빠진 사이다처럼 밋밋하다. 박장대소 내지는 파안대소 정도는 돼야 속에 쌓인 스트레스를 한 번에 날려 보낼 수 있다.

웃어라. 의도적으로라도 웃어야 한다. 그렇게 웃다 보면 자기도 모르는 사이에 늘 웃고 있는 자신을 발견하게 될 것이다. 나 역시 의도적으로 웃다 보니 잘 웃게 되었으니까.

웃음은 처음 보는 사람도 마음을 열게 하는 '무언의 대화'이다.＊

웃음은 소통의 벨트이다

웃는 사람의 얼굴엔 빛이 난다. 활짝 핀 웃음꽃이 얼굴을 밝게 하기 때문이다. 잘 웃는다는 것은 누구에게나 최대의 장점으로 작용한다. 웃음은 그만큼 몸에 좋은 보약처럼, 인간관계를 매끄럽게 이어주는 '소통의 보약'인 것이다.
다음은 웃음이 인간관계에 미치는 영향이다.
첫째, 낯선 사람의 마음도 열게 한다.
둘째, 경계심을 없애주고 좋은 이미지를 심어준다.
셋째, 악의가 없어 보이고 사람을 편안하게 해준다.
넷째, 본인도 상대방도 기분을 좋게 해준다.
자신이 잘 웃지 않는다면 의도적으로라도 웃어라. 웃음은 인간관계를 매끄럽게 이어주는 '소통의 벨트'이다.

사랑은
가슴의 언어다

●

사랑을 베푼다는 것은 이 세상을 꽃밭으로 만드는 위대한 열쇠이다.
―R. 스티븐슨

찬혁은 지금도 이십 년 전에 있었던 일을 잊지 못한다.

그는 갓 결혼해서 어렵게 살았다. 부모의 반대를 무릅쓰고 한 결혼이라 가족의 축복도 받지 못하고 외롭게 시작한 결혼이다 보니 모든 것이 부족하고 제대로 갖춰지지 않은 어설픈 생활이었다. 더군다나 찬혁은 학생의 신분이었기 때문에 더더욱 결혼생활이 힘들 수밖에 없었다. 그래도 그들은 서로에 대한 믿음과 사랑으로 힘든 생활을 극복해 나갈 수 있었다.

찬혁은 아르바이트 자리를 알아보려고 여기저기 기웃거리며 서울 거리를 헤매고 다니는 동안, 그의 아내 혜림은 이웃에서 가져온 액세서리 만드는 일을 묵묵히 해냈다.

그러는 동안 한 달 두 달 시간은 흘러갔고 수중에 있던 몇 푼의 돈마저 바닥을 드러냈다. 그런데 엎친 데 덮친 격으로 세 들어 살고 있는 집에 문제가 생겨 오도가도 못하는 처지에 놓이게 되었다.

"찬혁 씨! 우리, 이제 어떻게 해?"

찬혁은 놀란 가슴을 안고 슬픈 표정으로 말하는 혜림을 바라보았다.

"너무 걱정하지 마. 무슨 수가 있을 거야."

그러나 그 말은 아무런 대책도 없는 무심코 하는 말이었다.

찬혁이 여기저기 알아보았지만, 하루하루 시간만 축내는 꼴이 되고 말았다. 방을 비워주어야 하는데 새로 알아본 집은 지금 살고 있는 집의 임대 보증금보다도 더 비쌌다. 그것도 시세가 가장 저렴한 방이었다.

하늘을 쳐다보고 땅을 내려다봐도 아무런 묘책이 없었다.

캄캄한 밤에 언덕 위에서 바라보는 서울 야경은 눈이 부시도록 아름다웠고, 그 모습을 지켜보던 혜림은 눈물을 지으며 말했다.

"저렇게 많은 집 중에 우리가 살 집이 없다니, 우리 이제 어떻게 해?"

찬혁은 대답 대신 혜림을 꼬옥 안아주었다. 그리고는 아무 말 없이 혜림의 등을 토닥여 주었다. 그리고 찬혁은 결심한 듯 말했다.

"혜림아, 나 믿지?"

"응."

"그러면 날 믿어 봐. 내일 꼭 해결하도록 할게. 알았지?"

"자기가 무슨 수로?"

"아무튼. 잘 될 거야."

"정말?"

"그래, 정말. 그러니 더 이상 울지 마."

"응, 그럴게."

그들은 이렇게 말을 주고받으며 어둠에 잠긴 서울 거리를 내려다보았다. 그들의 서러운 마음을 아는지 모르는지 서울의 밤은 여전히 아름답게 빛났다.

다음날 찬혁은 시내로 나왔지만 어떻게 해야 할지 난감하였다. 그러다 생각 끝에 친척 형을 찾아갔다. 그러나 친척 형은 그의 처지를 안타깝게 여기면서도 그의 부탁을 들어주지 못했다. 그만한 돈이 수중에 없었던 것이다.

찬혁은 허탈한 마음으로 시내를 거닐다 어둑어둑해지자 집에서 간절한 마음으로 기다리고 있을 혜림을 생각하니 눈물이 앞을 가렸다.

'아, 어떡하지? 어떻게 혜림을 대하지.'

실망하여 슬픈 표정을 짓는 혜림의 모습이 떠오르자 찬혁은 그대로 땅에 주저앉고 싶었다. 그런데 바로 그때 찬혁의 눈에 교회 종탑이 들어왔다.

그는 무작정 교회로 들어가서 목사를 찾았다.

나이가 거의 60이 다되어 보이는 목사와 부인, 그리고 막 퇴근하고 온 듯한 딸이 있었다. 찬혁은 처음 본 그들에게 찾아온 용건을 말하며 도움을 청했다. 차분히 얘기를 듣고 난 목사가 말했다.

"저런, 얼마나 걱정이 되었으면 이렇게 날 찾아왔을까."

"죄송합니다. 목사님."

"저, 여보, 지금 돈이 얼마나 있소? 있는 대로 좀 주시구려."

목사가 이렇게 말하자 부인은 수중에 갖고 있던 돈에다가 딸에게 있던 돈까지 보태 찬혁 앞에 내놓으며 말했다.

"자, 이 돈으로 급한 불을 끄도록 하세요."

"목사님, 정말 이 귀한 돈을 제가 받아도 될까요?"

"그래요. 돈이란 이럴 때 필요한 게 아닌가요?"

"절 뭘 믿고 이 돈을 빌려주시는지요?"

"나는 젊은이를 믿는 것이 아니라 사람을 믿는 거예요. 사람이 사람을 못 믿으면 누굴 믿으란 말인가요? 사람을 믿을 수 없는 세상은 누구에게나 불행한 일이지요. 젊은이의 눈에는 거짓이 없어 보였어요. 그것이 나에게 젊은이를 믿도록 만들었지요. 그리고 그 돈은 갚지 않아도 돼요."

"어떻게 그럴 수가 있습니까? 목사님."

"내가 그 돈을 줄 때는 갚으라고 준 게 아닙니다. 대신 나중에 형편이 나아지면 도움을 청하는 사람에게 도움을 주도록 하세요. 그러면 됩니다."

"아, 알겠습니다. 목사님, 정말 감사합니다."

찬혁은 몇 번이고 감사의 인사를 하고 교회 문을 나섰다.

집으로 돌아오는 길이 얼마나 행복했는지 모른다. 이기적이고 인정이 메마른 사회에 저런 분들이 있다는 것은 너무나 감격스러운 일이라는 생각이 찬혁의 마음을 뒤흔들어 놓았다.

이 이야기를 전해 들은 혜림은 너무 감격한 나머지 기쁨의 눈물을 흘리고 말았다. 그 돈은 그들에게 아주 요긴하게 쓰여졌고 그날 이후로 찬혁은 지금껏 열심히 살고 있다.

찬혁은 절박했던 그때를 생각하면 지금도 그 목사 내외의 사랑이 눈물 나게 그리워진다. 처음 본 자신에게 참사랑의 가치를 가르쳐준 그들을 잊지 못해 찬혁은 자신이 받았던 사랑을 그분의 말씀처럼 도움이 필요한 사람들에게 전해주고 있다. 그것이 그들에게 받은 사랑을 되돌려주는 일이라고 생각한 것이다.

찬혁은 대가 없이 남을 사랑하는 일이야말로 이 세상에서 가장 아름답고 고귀한 사랑이라는 것을 믿고 있다. 대가 없는 사랑은 조건을 붙이지 않는 참된 사랑 그 자체이다.

가슴이 따뜻한 사람은 말과 행동이 부드럽고, 인정이 많다. 이러한 마인드를 '가슴의 언어'라고 한다. 입으로 하는 말보다 가슴으로 하는 말은 더욱 감동을 주고, 상대로 하여금 자신을 믿고 따르게 만든다.

요즘은 너나 할 것 없이 살아가는 일이 빡빡하다. 그러다 보니 마음에 여유가 없다. 그래서 무엇이든 자기 입장에서만 생각하려고 한다. 자기 입장에서 생각하면 이기적으로 흐를 수 있다. 그렇게 되면 소통의 단절을 가져온다. 소통의 부재로 인해 인간관계는 고비사막처럼 삭막해진다.

처음 본 찬혁에게 조건 없이 사랑을 베푼 목사처럼 가슴의 언어로 인간관계를 이끌어가야 한다. 이것이야말로 참다운 소통이며 건실한 인간관계의 표상이다.

가슴의 언어 즉, 따뜻한 말과 행동으로 사람을 대하라. 꾸준히 실천하다 보면 습관이 되어 나중에는 아주 자연스럽게 된다.

동서고금을 막론하고 소통의 귀재들은 하나같이 따뜻한 가슴을 가졌다. 가슴이 따뜻한 사람이 되어야 한다.＊

가슴이 따뜻한 사람 되기

가슴이 따뜻한 사람은 인정이 많다. 어려운 사람이 도움을 청하면 거절하지 못한다. 아프리카의 성자 앨버트 슈바이처는 유능한 의사로서, 음악가로서 풍요로운 삶을 살 수 있었다. 그러나 그는 풍족한 삶을 포기하고 위험이 도사리고 있는 아프리카로 갔다. 그는 최선의 사랑으로 사람들을 대해 주었고, 아프리카 사람들은 그를 진정으로 사랑하고 존경하였다.

가슴이 따뜻한 사람이 되기 위해서는 이기심을 버려야 한다. 이기심을 버리지 않는 한 절대로 가슴이 따뜻한 사람이 될 수 없다. 가슴의 언어로 말하는 사람, 그 사람은 슈바이처가 그랬듯이 누구에게나 존경을 받을 것이다.

가슴의 언어로 말하고 행동하라.

겸손은
존경의 소통이다

●

겸손한 마음은 모든 이의 사랑을 받는다.
— 조지 터버빌

20세기 세계 최고의 테너로 평가받는 엔리코 카루소Enrico Caruso. 그의 훌륭한 점은 전설적인 테너가수라는 것에도 있지만, 자신의 팬을 지극히 사랑하는 겸손함에 있다.

대개의 문학가나 예술가들은 개성이 강하고 자존심이 특별하다. 더구나 명성이 뛰어난 예술가들은 더더욱 자신의 이름값만큼이나 도도하고 자만심의 극치를 이룬다.

그런데 카루소는 그렇지 않았다. 그는 아무 곳에서나 노래를 부르곤 했다. 그래서 그의 진정성을 알지 못하는 사람들은 이러한 카루소를 가리켜 자존심이 없는 가수라고 비웃고 조롱하였다.

어느 날 카루소는 친구와 같이 뉴욕에서 가장 멋진 식당으로 갔다. 카루소가 식당에 들어서자 그를 본 직원의 눈이 휘둥그레졌다. '아니. 저분은 그 유명한 카루소 아냐.' 이렇게 생각하며 카루소 앞으로 다가갔다.

"어서 오십시오. 자, 이리로 오시지요."

"고맙소."

카루소는 직원의 친절함에 빙그레 미소를 지었다. 카루소가 자리에 앉고 음식을 주문하자 직원은 쏜살같이 주방으로 달려갔다.

"주방장님, 지금 우리 식당에 그 유명한 카루소가 왔습니다."

직원의 말에 깜짝 놀란 얼굴로 주방장이 말했다.

"뭐라고? 카루소가 왔다고?"

"네, 주방장님."

직원의 말을 듣고 주방장은 식당 홀로 나와 카루소 앞으로 가서는 공손하게 인사를 했다.

"어서 오십시오, 선생님. 이렇게 저희 식당을 찾아 주셔서 영광입니다. 선생님께서 한 번은 꼭 오시리라 믿고 있었습니다."

"그래요? 어째서 나를 그토록 기다렸습니까?"

카루소는 자신을 기다렸다는 주방장의 말에 만면에 미소를 띤 채 인자한 얼굴로 말했다.

"선생님의 훌륭한 노래를 가까이에서 듣고 싶어서입니다. 선생님께서 저희 식당에 오시면 노래를 청해 듣기로 저희 직원 모두는 간절한 마음으로 고대하고 있었습니다."

"그래요? 그렇다면 노래를 해야겠군요."

카루소는 단 일 초의 주저함도 없이 말했다.

"선생님, 그게 정말이십니까? 그래 주신다면 저희는 평생 은혜로 알겠습니다."

주방장은 한 치의 망설임도 없는 카루소의 시원한 반응에 허리를 굽혀 예를 표했다. 그러자 카루소는 자리에서 벌떡 일어나 그어느 때보다도 힘차게 노래를 불렀다. 주방장과 식당 직원들은 물론, 식사하러 온 손님들은 뜻밖에 세계적인 성악가의 노래를 가까이에서 듣게 된 사실에 감격하여 넋을 잃고 카루소의 노래에 귀를 기울였다.

"오우, 원더풀!"

노래가 끝나자 식당 안은 박수와 환호성으로 뒤덮였다. 하지만함께 온 카루소의 친구는 못마땅한 표정으로 말했다.

"카루소, 자네답지 않게 어떻게 이런 곳에서 노래를 부르는가?"

그러자 카루소가 웃으며 말했다.

"왜 식당에서 노래를 부르는 내가 이상한가?"

"자네가 누군가. 세계 최고의 테너가 아니던가? 그런데 자네의위치에 걸맞지 않게 이런 곳에서 노래를 하다니."

"하하, 이 사람. 내가 뭐 그리 대단한 사람이라고. 나는 내 노래를 듣고 싶어 하는 사람이 있다면 그곳이 어디든, 비록 단 한 사람앞에 서라도 즐겁게 부를 생각이라네."

카루소의 말을 들은 친구는 그때서야 그의 폭넓은 예술정신과 자신의 일에 최선을 다하는 열정에 크게 감복하여 평생 그를 존경했다고 한다.

이처럼 카루소는 자신의 일에 최선을 다했고, 팬을 위하는 마음이 남달랐으며 매우 겸손했다. 그랬기에 전설의 성악가로 영원히 기억되고 있는 것이리라.

겸손은 존경의 소통이다.

겸손한 것만으로도 사람들은 그 사람을 진정으로 존경하고 그와의 아름다운 관계를 맺고 싶어 한다.*

겸손은 존경의 소통이다

사람들이 겸손한 사람을 좋아하고 존경하는 것은 겸손은 진정성을 알게 하는 바로미터이기 때문이다. 겸손한 사람이 거부감을 주지 않는 것도 다 이런 이유에서다.

겸손은 인간관계를 매끄럽게 이어주는 소통의 매체이다. 역사적으로 볼 때 황희, 맹사성, 김종직, 류성룡 같은 이들이 존경을 받았던 가장 큰 이유는 백성을 섬기는 겸손함에 있다. 이들이 백성들과 좋은 관계를 유지할 수 있었던 힘은 바로 겸손한 소통에 있었던 것이다.

현대사회에서도 겸손한 사람이 존경받는 것은 당연한 일이다. 겸손은 인간관계를 부드럽게 하는 '존경의 소통'이기 때문이다. 소통의 미덕인 겸손, 그것을 습관화하라.

마음을 움직이는
감동의 소통

●

사람을 감동시키는 것은 가슴속에서 우러나오는 말이다.
— 괴테

어느 날 택시를 타고 가다 문득 택시기사가 정상인이 아니라는 것을 알고, 한편으로는 불안하면서도 또 한편으로는 궁금증이 일었다. '아니, 몸이 불편한데도 힘든 택시를 운전하다니, 정상적인 절차를 밟고 택시 운전을 하는 건가?' 하는 의구심으로 솔직히 조금은 마음이 불편했다.

그러나 이런 마음을 들키지 않으려고 차창 밖을 내다보았다. 그러자 내 마음을 읽기라도 한 듯 택시기사가 말했다.

"저, 손님. 혹시 제가 몸이 정상인이 아니라 불안하시죠?"

뜻밖의 택시기사의 말에 당황한 표정을 억지로 감추며 말했다.

"네, 조금은요."

"당연히 그러실 겁니다. 제가 손님이었더라도 그랬을 테니까요."

"이런 말씀을 해서 어떨는지는 몰라도 정식 직원이신가요?"

"네, 그렇습니다. 여기 이렇게 자격증이 있잖습니까."

그의 말을 듣고 보니 운전석 오른쪽으로 택시운전기사 자격증이 부착되어 있었다.

"우리 회사에는 저같이 몸이 불편한 택시기사가 열다섯 명이나 됩니다."

"아, 그래요? 정말 뜻밖이군요."

"사실, 우리 같은 몸으로 취직이 어디 가당키나 하겠습니까. 더군다나 정상인도 하기 힘든 운전을 말입니다. 그러나 우리 회사는 냉소적인 사회적 편견을 뿌리치고 우리 같은 사람들에게도 일할 기회를 준 고마운 회사입니다."

"말씀을 듣고 보니 정말 대단한 회사군요. 그처럼 아름다운 선택을 한 사장님이 어떤 분이신지 궁금하군요."

"정말 그러시죠? 이런 사실을 아는 분들은 다들 그렇게 말씀하시더군요. 처음에 우리 회사 사장님이 장애인을 택시기사로 고용하겠다고 방침을 세웠을 때는 임직원들의 반대가 심했답니다. 그런데도 사장님이 끝까지 주장을 굽히지 않자 한번 한시적으로 시행해 보고, 성과가 좋으면 그렇게 하자는 합의 하에 장애인을 택시기사로 고용했답니다. 그런데 의외로 사고율도 없고 승객들의 반응도 비교적 괜찮다는 평이 나오자, 장애인 택시기사 고용을 일정

비율까지 정식화하였답니다."

"정말 훌륭한 사장님이시군요. 대다수의 편견을 깬 그 선택이야
말로 그 어떤 사람이 내린 결정보다도 아름답고 감동적입니다."

"그렇게까지 말씀해 주시니 제가 저희 사장님을 대신해서 감사
드립니다."

"별말씀을요. 오랜 가뭄 끝에 내린 단비 같은 이야기를 들으니
제 마음이 아주 좋습니다. 오늘 하루는 아주 기분 좋은 일만 생길
것 같군요."

"말씀처럼 되길 바랍니다."

"고맙습니다."

차에서 내린 나를 향해 그는 몇 번이고 고개를 숙여 인사를 하였
다. 그 어떤 이야기보다도 아름답고 감동적인 이야기였다.

장애는 불편한 것이 사실이다. 그러나 그것은 정상인에 비해 몸
이 다소 불편할 뿐 마음까지 불편한 것은 아니다.

처음 택시를 탔을 때 자신도 모르게 불안해하고 약간은 의아해
했던 나의 굴곡진 마음이 스스로 생각해도 참 부끄러웠다.

그리고 기도했다. 그들의 앞날에 좋은 일만 있게 해달라고.

세상을 바꾸는 것은 택시회사 사장처럼 훌륭한 인격을 가진 사
람이다. 남들의 눈을 의식하지 않고, 자신의 소신대로 실행에 옮기
는 아름다운 결단력이 모두에게 깊은 감동을 주는 것이다.

사람들은 남의 눈을 의식하여 자신이 하고 싶은 것도 맘대로 하

지 못한다. '남들이 자신을 어떻게 생각할까'라는 마음에 사로잡혀 전전긍긍하기 때문이다.

하지만 택시회사의 사장은 달랐다. 그렇지 않다면 남들이 가지 않는 길을 애써 선택하지 않았을 것이다.

택시회사 기사들 모두가 존경한다는 택시회사 사장이야말로 인간관계의 중요성을 너무도 잘 아는 사람이다. 그랬기에 남들이 다 말리는 일도 소신 있게 추진하여 희망을 주는 사람이 될 수 있었다.

사랑의 실천은 소통의 좋은 활력소이다. 소통의 귀재가 되고 싶다면 사랑을 실천하라.＊

사랑을 실천하는 마인드

사랑은 얼어붙은 마음도 녹여버리게 하는 최선의 소통이다. 꽉 막힌 노사문제도, 부부 문제도, 친구와의 갈등도, 정부와 국민 간에 쌓인 문제도 사랑이 함께하면 스스로 녹아버린다.

그런데 문제는 사랑을 실천하기가 쉽지 않다는 데 있다. 사랑을 쉽게 실천하지 못하는 것은 나를 놓아버리지 못하기 때문이다.

나의 이기심, 자존심을 버리기란 쉽지 않다. 이를 버릴 수만 있다면 사랑은 얼마든지 실천할 수 있다.

자신이 소통의 귀재가 되고 싶다면 사랑을 실천해야 한다. 사랑은 최선의 소통 수단임을 잊지 말라.

소통의 골드카드(GOLD CARD), 친절

●
친절한 마음가짐의 원리, 타인에 대한 존경은 처세의 제일 조건이다.
―아미엘

친절한 사람을 보면 공연히 기분이 좋아지고, 마음속엔 기쁨의 꽃이 핀다. 그래서 얼굴엔 생기가 돌고, 입가엔 미소가 번진다. 친절한 사람은 나하고 전혀 상관이 없어도 친근감이 간다. 친절한 마음속엔 사랑이란 향기가 담겨 있기 때문이다.

사랑의 향기는 한곳에 머무를 땐 그 주위에만 기쁨을 전해주지만, 여러 곳으로 옮겨 갈 땐 가는 곳곳마다 기쁨의 꽃밭을 이룬다.

찬구는 휴가를 맞아 모처럼 가족들과 설악산으로 놀러 갔다. 회색빛 도시를 벗어나 푸른 산과 푸른 바다가 그림처럼 어우러지는 속초에서 보낸 2박 3일간의 휴식은 그야말로 달콤한 꿀보다 더 달고 무더운 여름날 먹는 수박화채보다도 더 시원했다. 이런 즐거움으로 일상의 찌든 삶의 먼지를 털어내고 집으로 돌아올 때는 날아갈 것 같은 마음이 되어 절로 노래가 흘러나왔다. 갈 때는 고속도로로 갔지만 올 때는 한계령을 이용해 운치 있는 경치를 감상할 수 있는 절호의 기회였다.

"한계령은 언제 봐도 운치가 있지?"

"그러게요. 주변 경관에 마음을 빼앗기다 보면 마치 구름 위에 떠 있는 것처럼 그 기분은 말로 다 표현할 수 없어요."

"그렇지? 무릉도원이 달리 무릉도원인가. 마음을 가눌 수 없도록 경치가 아름다우면 그게 무릉도원이지."

"그러고 보면 우린 통하는 데가 있어요."

"그래? 그게 뭘까?"

"낭만적인 멋과 사랑."

"낭만적인 멋과 사랑? 야, 그거 말 되네."

"정말?"

"그럼, 정말이고말고. 역시 멋을 아셔."

"뭐라구요? 호호호."

"하하하."

찬구는 아내와 이야기를 나누며 즐거운 마음에 기분이 한껏 고조되었다. 한계령 휴게소에서 커피를 마시고 내리막길을 미끄러지듯 내려오는 그 기분이라니, 그들은 정말이지 너무 행복했다. 그런데 한참을 신나게 달리던 차가 멈춰 서고 말았다.

"어, 갑자기 차가 왜 이러지?"

찬구는 차에서 내려 보닛을 열고 들여다보았다. 그러나 아무리 들여다봐도 그 원인을 알 수가 없었다.

"왜, 차에 무슨 이상이 있어요?"

"응, 봐도 모르겠어. 야단났네! 벌써 5시가 넘었는데……."

찬구는 114를 통해 카센터 몇 군데를 알아내 전화를 해보았지만 모두 한결같이 바쁘다는 이야기만 되풀이하였다. 시간은 자꾸 흘러가는데 무작정 기다릴 수만 없어 발만 동동 굴렀다. 조금 전까지만 해도 즐겁던 마음은 어디로 가고 걱정만 가득 넘쳐났다.

30분을 넘게 안절부절못하고 걱정에 잠겨 있는데 지나가던 승용차가 멈추더니 후진으로 찬구 쪽으로 다가왔다. 30대 초반으로 보이는 남자가 차에서 내리며 물었다.

"차가 고장이 났나 보군요?"

"네. 잘 가다가 갑자기 멈추더니 꼼짝도 않네요."

"그래요. 제가 한번 봐도 될까요?"

"네, 그러시죠."

그는 이리저리 살피더니 고개를 끄떡이며 말했다.

"점화 플러그에 이상이 있군요."

"점화 플러그가요?"

"네. 너무 오래되어서 삭았네요."

"그럼 어떡하나. 카센터나 공업사도 없는데……."

"걱정하지 마세요. 제가 잠시 다녀올 테니 기다리시죠."

그는 마치 자기가 응당 해야 할 일이라도 되는 것처럼 시원스럽게 말을 하고 나서 인제 쪽을 향해 차를 몰았다. 그 차 안에는 그 사람의 부인과 아이도 타고 있었다. 그가 떠나자 친구와 가족은 길 옆에 잘 가꾸어 놓은 공원에서 시간을 보내며 기다리기로 하였다. 그러는 동안 시간은 흘러 6시가 훌쩍 넘어갔다.

"그 사람, 안 오는 거 아냐?"

"글쎄, 그럴 것 같지는 않던데……."

친구와 아내가 걱정스럽게 말을 나누고 있는데 차 한 대가 빠르게 커브 길을 돌아오더니 그가 차에서 내리면서 말했다.

"오래 기다리셨죠? 빨리 갔다 온다는 게 부품 때문에 좀 늦어졌습니다."

친구는 그의 모습에서 믿음이 느껴졌다. 그리고 자신과 아무 상관도 없는 일인데도 최선을 다하는 그가 너무 고마웠다.

"아닙니다. 공연히 저희 때문에 고생을 하시게 해서……."

"고생이라니요? 마음 쓰지 마십시오."

그는 장비를 꺼내더니 익숙한 솜씨로 차를 수리하기 시작했다. 그리고 얼마 후 시동을 걸자 그렇게 요지부동이던 차가 힘찬 엔진 소리를 내기 시작했다. 친구와 그의 가족은 너무 기뻐서 어쩔 줄을 몰라 했다.

"저, 이거 어떻게 감사를 드려야 할지……."

"감사는요. 제가 차를 조금 볼 줄 알기 때문에 잠시 도와드린 것뿐인데요, 뭐."

"정말 고맙습니다. 저, 이거……."

찬구는 십만 원짜리 수표 한 장을 건네주었다.

"아니, 무슨 돈을 이렇게 많이 주세요."

"부품값과 수고비를 얼마나 드려야 할지 몰라서……."

"수고비는 됐구요, 부품값만 주세요."

그는 잔액으로 7만 원을 억지로 돌려주었다.

"아니, 그럴 수는 없지요. 시간 뺏기고, 이렇게 도움까지 주셨는데 이건 도리가 아니지요."

"괜찮습니다. 제가 차를 조금 볼 줄 알아서 봐 드린 거니까 부담 갖지 마세요."

"이러면 안 되는데……. 저, 그럼 어디 가서 식사라도 하시면 어떨까요?"

"아니, 됐습니다. 저는 순수한 마음으로 도와드린 것뿐입니다."

"이렇게 고마울 데가……."

"제가 아니더라도 누구든지 차를 볼 줄 안다면 저처럼 했을 겁니다. 그럼 조심해서 가십시오."

"이거 그냥 도움만 받게 되어 너무 염치가 없는데……."

"하하하, 괜찮습니다. 그럼 이만 가보겠습니다."

"네, 그럼 안녕히 가십시오."

찬구는 그가 너무 고마워 달라는 대로 수고비를 주려고 했었다. 그러나 그가 너무 완강하게 사양하는 바람에 그의 순수한 마음을 받아들일 수밖에 없었지만 큰 빚을 진 기분이었다.

"정말 고마운 사람이야. 저처럼 순수한 마음을 갖고 있다니."

"그러게요. 당연히 수고비를 받을 줄 알았는데."

"그러고 보면 저런 사람들이 있어 세상은 살만한 가치가 있는 게 아니겠어?"

"그래요. 정말이지 우리는 오늘 좋은 경험을 했어요."

"그래, 우리도 그 마음 잊지 말자고."

"그래야지요."

찬구는 집으로 오는 내내 꿈을 꾸는 듯 즐거운 마음으로 들떠 있었다.

지금도 찬구는 차가 고장 나는 날에는 그때의 일이 떠올라 행복한 마음이 되곤 한다.

"친절한 마음가짐의 원리, 타인에 대한 존경은 처세의 제일 조건이다."

아미엘의 말이다.

그렇다. 친절은 아름다운 소통의 처세이다. 그래서 친절한 사람이 많은 세상이 밝고 행복한 것이다. '나는 과연 어떤 사람인가?'라는 물음을 가끔 스스로 해보라. 그래서 스스로를 점검하고, 자신의 친절에 대한 점수를 매겨 보라. 그래서 자신의 부족함이 발견되면 지체 없이 반성하고 친절한 사람이 되도록 해야 한다. 친절은 자신뿐만 아니라 모두를 기쁘게 하고 행복하게 하는 '소통의 꽃'이다.＊

친절 연습하기

친절은 또 다른 사랑의 실천이다. 친절한 사람이 남에게 호감을 주는 것은 사랑을 실천하는 마인드 때문이다. 천성적으로 친절을 타고난 사람이 있다. 이것은 큰 축복이다. 하지만 친절은 연습을 통해 얼마든지 고칠 수 있다.

친절한 마인드를 기르는 실천 방법을 보자.

첫째, 먼저 다가가 관심을 보여라.

곤란한 일에 처한 사람을 보면 그냥 지나치지 말고 다가가 도움을 주어라. 자주 도움을 주다 보면 몸에 습관이 된다.

둘째, 먼저 웃어주어라.

처음 만난 사람도 웃어주면 마음을 열게 된다. 웃음이란 무언의 언어이며 관심의 시도이다.

셋째, 먼저 배려하라.

"먼저 하시지요."라는 말이나 "먼저 드세요."라는 말처럼 상대방을 먼저 생각해주면 상대방은 그 사람을 친절하고 좋은 사람으로 여기게 된다.

친절한 사람이 되자. 소통에서 좋은 결과를 얻게 될 것이다.

타인을 생각하는
따뜻한 마음

남에게 감화를 주고 싶으면 자신이 인간다운 인간이 되어야 한다.
—샤를레

회사원으로 보이는 한 여자가 횡단보도를 급히 지나가다가 그만
넘어지면서 가지고 있던 서류봉투를 떨어뜨리고 말았다. 그 순간
봉투 안에 있던 서류가 사방으로 흩어졌다. 때마침 신호등이 빨간
불로 바뀌자 그녀는 너무 당황한 나머지 어쩔 줄 몰라 하며 차도
한복판에서 정신없이 서류를 줍기 시작했다. 지나가는 운전자들이
연신 경적을 울려대며 여자에게 손가락질하고 나무랐지만, 여자는
그에 아랑곳없이 서류를 주웠다. 위험을 무릅쓴 행동으로 보아 매
우 중요한 서류인 모양이었다.

사람들은 무슨 구경거리라도 난 듯 지켜만 볼 뿐 누구도 나서서
도와주지 않았다. 그런데 그때 한 젊은 남자가 그녀 옆으로 가서

서류를 챙기기 시작했다. 젊은 남자는 오가는 자동차 운전자에게
웃는 얼굴로 양해를 구했다. 그 모습을 보고 여자는 안도의 숨을
내쉬며 이마에 맺힌 땀을 닦았다.

서류를 다 줍자 남자는 서류에 묻어 있는 먼지를 깨끗이 털어서
건네주며 말했다.

"자, 여기 있습니다. 많이 당황하셨죠?"

"정말 고맙습니다, 이렇게 도와주셔서."

"별말씀을요. 어디 다치신 데는 없습니까?"

"네, 괜찮아요."

"저런, 무릎에 상처가 났군요."

남자는 이렇게 말하며 주머니에서 손수건을 꺼내 건넸다.

"아니, 괜찮습니다. 이렇게 깨끗한 손수건으로 어떻게……."

여자는 엷은 미소를 지으며 말했다.

"괜찮으니 사양하지 마시고 닦으세요."

"감사합니다."

여자는 다시 한번 고개 숙여 감사를 표했다.

남자는 환하게 웃고는 가던 길을 재촉했다. 여자는 무릎에서 피
가 나는 것도 잊은 채 그가 사라질 때까지 바라보았다.

아무도 관심을 보이지 않을 때 선뜻 나서서 도와준 그의 선행이
아름다운 것은, 아무도 하지 않은 일을 했기 때문이다. 그가 보여
준 작지만 아름다운 선행을 통해 우리가 요즘 너무 많은 것을 잃고
살아가는 것은 아닐까 하는 생각을 하게 되었다.

요즘 우리는 남의 일에는 도통 관심을 기울이지 않는 것 같다. 이웃에게 무슨 일이 일어나든 아예 남의 일로 치부해 버린 지 오래다. 각박한 현실에서 파생된 일이라고 보기에는 어쩐지 석연치 않다. 그것은 우리들이 개선할 여지를 충분히 가지고 있으며, 따스한 마음을 가지고 이 땅에 태어난 가장 축복받은 사람들이기 때문이다.

사람이라는 이름을 얻은 것만으로도 우리는 행복하게 여기고 살아야 한다. 사람은 아무나 될 수 있는 것이 아니다.

옛이야기에 보면 많은 동물이 사람이 되고 싶어서 안간힘을 쓰고 노력하는 모습을 볼 수 있다. 그 모습은 가상하다 못해 처절하기까지 하다. 그렇게 노력을 하고도 이야기 속에서조차 사람이 되는 동물은 흔치 않다. 분명한 것은 사람이라는 이름으로 살아가는 것, 그것만으로도 커다란 축복이라는 사실이다.

이렇게 소중한 사람들이 서로를 배척하고, 담을 쌓고 살아가는 것은 죄악과도 같다.

사람이 아름다운 것은 서로 어울리고, 용서하고, 화해하고, 도와주고, 배려하는 그 따스한 마음 때문이다.

사람이 참으로 위대한 존재임을 아는 지혜가 모두에게 필요한 때이다. 그것을 알 때 우리가 사는 세상에는 인정의 꽃이 만발하고, 그 향기로 더욱 따뜻한 세상이 펼쳐질 것이다.

타인을 생각하는 따뜻한 마음을 가져야 한다. 그것은 세상을 바꾸는 아름다운 소통이다.＊

따뜻한 마음은 참마음의 소통이다

따뜻한 마음은 진실한 마음, 거짓 없는 참마음을 말한다.
사람과의 교류에 있어 따뜻한 마음은 참 중요하다. 따뜻한
마음을 가졌느냐 안 가졌느냐는 한 사람의 삶을 완전히 변
화시킬 만큼 중요하다.

따뜻한 마음을 가진 사람은 인간관계에서 소통이 잘 된다.
진실하고 거짓이 없다고 믿기 때문이다. 하지만 마음이 따
뜻하지 않은 사람은 소통하는 데 문제가 많다. 이런 사람은
거짓과 위선으로 가득 차 있다고 믿는다.

원만한 인간관계를 통해 자신이 바라는 삶을 살기 원한다
면, 따뜻한 마음을 길러야 한다. 따뜻한 마음은 그 사람의 그
어떤 능력보다도 더 중요한 소통의 수단이다.

책임감은
믿음의 소통이다

●

맡겨진 책임에 충실하면 기회는 스스로 만들어진다.
— 존 워너메이커

인간관계에서 책임감은 참 중요하다. 책임감이 좋은 사람은 그 하나만으로도 좋은 이미지를 주게 된다. 그래서 무엇을 맡겨도 좋을 사람이라는 평판을 얻게 된다. 하지만 책임감이 없는 사람은 나쁜 이미지를 준다. 그런 사람에게는 어떤 것도 맡기지 않으려고 한다.

생각해보라. 당신이라면 둘 중 어떤 사람에게 신뢰를 보낼 것인가를. 당연히 책임감이 강한 사람일 것이다. 그 사람은 믿을 수 있다는 강한 신뢰감 때문이다.

책임감은 그 사람의 삶을 뒤바꿀 만큼 소중하다. 책임감의 또 다른 이름은 믿음의 소통이다.

나폴레옹^{Napoleon}이 진지를 순찰할 때 일이다. 그가 어느 곳을 향
해 가는데 갑자기 보초병이 소리쳤다.

"정지!"

"나다!"

나폴레옹이 말했다.

"나가 누구냐?"

보초병은 신속하게 말했다.

순간 나폴레옹은 화가 치밀어 올랐지만, 꾹 참고 말했다.

"나는 나폴레옹이다. 너희들이 잘하고 있는지 한번 돌아보는 길
이다. 그러니 어서 나를 통과시켜라."

"안 됩니다."

"뭐라, 안 된다고? 내 신분을 밝혔는데도?"

나폴레옹은 화난 목소리로 말했다.

"네, 안 됩니다."

보초병은 당당하게 말했다.

'어라, 요놈 봐라. 내가 누군 줄 알면서도 통과를 시킬 수 없다
이거지.'

나폴레옹은 이렇게 생각하며 또다시 말했다.

"이봐 보초병! 당장 통과시키지 않으면 명령불복종죄로 군법에
처하겠다. 그러니 어서 통과시켜라!"

"그렇게 하신다고 해도 통과시켜드릴 수 없습니다."

보초병의 말에 나폴레옹의 위엄은 말이 아니었다.

"내가 누군 줄 알면서도 통과를 시키지 않는 이유가 무엇인가?"

나폴레옹은 마음을 가다듬고 말했다.

"저는 제 임무를 다하기 위해섭니다. 전 장군님께서 이곳을 순시한다는 그 어떤 지시도 받은 적이 없기 때문입니다."

"그래? 단순히 그 이유인가?"

"네. 그렇습니다!"

보초병은 큰소리로 당당하게 말했다.

"좋아. 돌아가도록 하지."

"네, 안녕히 가십시오. 장군님!"

나폴레옹은 장군 막사로 돌아오는 길에 조금 전과는 달리 만면에 미소를 머금었다.

그리고 이튿날 그 보초병을 불렀다.

"장군님, 부름을 받고 왔습니다!"

"오, 그래. 어서 오게. 내 다시 한번 묻겠네. 어제 나를 통과시켜주지 않은 이유가 뭔가?"

"저는 누구에게도 장군님께서 순시하신다는 말을 들은 적이 없습니다. 전 오직 제 임무를 다했을 뿐입니다."

"하하, 역시 자넨 훌륭한 군인이구먼. 오늘부터 자네를 장교로 임명하겠다. 국가와 민족을 위해 최선을 다해 주기 바란다."

"네, 장군님! 목숨 바쳐 충성을 다하겠습니다."

이 이야기는 많은 것을 시사해 준다. 나폴레옹의 인간다움과 보초병의 책임감은 감동을 주기에 부족함이 없다. 나폴레옹은 날아가는 새도 떨어뜨린다는 그야말로 영웅 중 영웅이다. 그런데 한낱 보초병을 어쩌지 못하고 자신의 권위를 버렸다는 것이다. 이는 그가 큰사람이라는 것을 잘 증명해주는 일화이다.

그리고 보초병의 빈틈없는 책임감이다. 그는 나폴레옹이라는 사실을 알고도 그를 통과시키지 않았다. 어쩌면 명령불복종죄로 감옥에 가거나 장군을 모독한 죄로 치부하여 죽을지도 모르는 상황에서도 말이다.

역시 큰 장군 밑에 큰 병졸이 있는 법이다.

책임감은 그 어디에서든 반드시 지켜야 한다. 아버지로서의 책임, 어머니로서의 책임, 자식으로서의 책임, 스승으로서의 책임, 학생으로서의 책임, 정치가로서의 책임, 공무원으로서의 책임, 직장인으로서의 책임 등 누구에게나 자신이 맡은 책임이 있다. 자신이 맡은 책임을 다할 때 우리 사회는 더욱 발전하고 살기 좋은 사회가 되는 것이다.

자신이 맡은 일에 책임을 다해야 한다. 책임은 믿음의 소통이다.＊

신뢰의 증표, 책임감 기르기

책임감은 인간이 갖추어야 할 가장 기본적이며, 가장 명확히 해야 할 마인드이다.

책임감이 있고 없고는 매우 중요하다. 책임감이 강한 사람이 좋은 이미지를 주고 좋은 결과를 낸다. 그런 만큼 책임감은 자신의 인생을 완전히 바꾸어 놓을 수 있는 에너지를 갖고 있다.

지금 우리 사회는 책임감이 결여된 사람들이 곳곳에서 문제를 일으키고 있다. 책임감이 결여되면 문제가 생길 수밖에 없는 것이 우리들의 삶이다. 보다 의미 있는 인생이 되고 싶다면 책임감을 길러야 한다. 책임감은 신뢰를 주고 믿음을 갖게 하는 '소통의 필수 아미노산'이다.

호감의 소통
지혜롭게 행동하기

●

지혜는 그것을 이용하려고 하는 자의 머리 위에서만 반짝인다.
—《탈무드》

　지혜로운 사람은 누구에게나 호감을 준다. 그와 교류하면 많은 것을 배울 수 있다고 믿기 때문이다. 역사적으로 볼 때 지혜로운 자들끼리의 교류는 아주 자연스러웠다. 서로에게 부족한 것을 취할 수 있는 좋은 기회였던 셈이다. 지혜는 많으면 많을수록 빛나는 인생의 보석이다.

　지혜로운 자의 눈은 독수리 같이 빛나고, 입술은 기름기가 흐르듯 유연하다. 지혜로운 말, 지혜로운 행동은 인간관계를 부드럽게 이어주는 소통의 활로이다. 지혜로운 스승에게 지혜로운 제자들이 몰리는 것도 다 이러한 이유에 기인한다.

　지혜가 인간관계에서 왜 중요한지를 잘 알게 해주는 이야기이다.

영국의 수상 벤저민 디즈레일리Benjamin Disraeli는 유대인이다. 유대인은 지혜를 무척이나 소중히 여기는 민족이다. 그들은 민족의 지혜서인 《탈무드》를 애지중지한다. 그들이 자타가 인정하는 세계 최고의 민족이 된 것은 《탈무드》의 영향이 절대적이다. 그들은 아이가 태어나면 《탈무드》를 읽어주고, 그것이 가르치는 대로 실천하게 한다. 이러한 분위기 속에서 자란 디즈레일리는 매우 지혜로운 사람이었다. 지혜롭지 못했다면 이방인으로서 영국의 수상이 되지 못했을 것이다.

그가 사람들을 놀라게 한 것 중 가장 드라마틱한 것은 그의 아내는 그가 고용한 가정부라는 사실이다. 생각해보라. 대영제국이라는 막강한 나라의 수상의 아내가 가정부였다니, 이는 해외토픽감 중의 토픽감이라 할만하다.

그러나 그런 선입견이 얼마나 무가치한 일이라는 것을 그의 아내가 잘 보여준다. 그의 아내는 매우 사려가 깊고 지혜로운 여성이었다. 그녀는 남편의 일이라면 최선을 다해 보필하였다.

어느 날, 디즈레일리가 연설하러 가기 위해 차를 타고 가는 도중, 열린 문을 닫다 차 문에 그녀의 손이 끼었으나 연설장에 도착할 때까지 그녀는 아픔을 꾹 참았다. 이유는 남편이 연설문을 검토하는데 자기로 인해 방해를 받을까 봐서였다.

연설을 끝내고 돌아올 때 아내의 손을 보게 된 디즈레일리가 깜짝 놀란 표정으로 말했다.

"아니, 여보. 그 손가락이 왜 그래요?"

"아무것도 아니니 신경 쓰지 마세요."

아내는 아무렇지도 않은 듯 미소 지으며 말했다.

"어디 좀 봅시다."

디즈레일리는 아내의 손가락을 가만히 살펴보았다.

"아니, 이건 멍이 아니요? 이런, 손가락이 많이 부었네. 어쩌다 그랬소?"

디즈레일리의 계속된 물음에 사실대로 말했다.

"저런, 내가 당신 손가락을 아프게 했군요. 어서 가서 치료를 받도록 합시다."

디즈레일리는 이렇게 말하며 아내의 손을 호호 불어주었다.

그녀는 남편이 정사政事를 잘 살필 수 있도록 말 한마디 행동 하나에도, 남편이 신경 쓰는 일이 없도록 최대한 편안하게 내조하였다고 한다.

그 결과 디즈레일리는 국민에게 신뢰받고 존경받는 수상이 될 수 있었다.

디즈레일리가 신분의 차이를 극복하고 가정부였던 여자를 아내로 삼은 이유를 잘 알았을 것이다. 그는 그녀의 지혜로움에 반한 것이었다.

그러고 보면 그 또한 매우 지혜로운 혜안을 가졌다는 것을 잘 알 수 있다. 지혜로운 자는 자혜로운 사람을 알아보는 법이다. 그러나 지혜롭지 못한 사람은 외모나 따지고, 학벌이나 따지고, 돈이 많은지를 따진다.

이스라엘의 세 번째 왕인 솔로몬이 하나님께 인정을 받고 백성들에게 존경을 받은 것은 그가 매우 지혜로운 혜안을 가졌기 때문이다. 지혜를 잘 살린 그는 이스라엘의 성군이 되었다.

지혜는 아주 매혹적인 매력을 가지고 있다. 수나라 수양제가 백만 대군을 이끌고 고구려를 침략했을 때 그를 멋지게 물리친 것은 을지문덕이다. 을지문덕은 살수를 막아 수나라군을 강으로 유인하여 둑을 터뜨려 한순간에 제압한 것이다. 그때 죽은 자가 30만 명이 넘었다고 하니 길이 남을 전승의 기록이 아닌가 싶다.

지혜로운 한 사람의 지략이 큰 힘 들이지 않고 적을 물리친다. 이순신 장군도 그랬고, 강감찬도 그랬고, 김유신도 그랬다.

지혜는 힘이 세다. 그래서 지혜로운 사람 주변엔 사람들이 많이 몰린다. 이를 보더라도 지혜는 인간관계에서 매우 중요한 '소통의 비타민'이라는 것을 알 수 있다.

자신의 뜻하는 바를 이루고 싶다면 지혜롭게 소통하라.＊

소통의 비타민, 지혜

유대인의 말에 '훗햄'이라는 말이 있다. 이는 '지혜로운 자'라는 뜻이다. 그리고 '탈미드 훗햄'이라는 말이 있는데 이는 '가장 지혜로운 사람'이라는 뜻이다.

유대인들은 지혜를 아주 소중히 여겼고, 지혜로운 자를 가장 존경한다. 그리고 세금까지 면제해준다. 이처럼 유대인들은 지혜로운 사람을 존경하고 예를 다한다.

지혜는 인간관계에서 아주 중요한 소통의 요소이다. 지혜로운 사람에게 사람들이 몰려드는 것은 바로 이런 이유에서다.

지혜를 길러라. 그리고 지혜롭게 소통하라.

상대의 마음을
사로잡는 리액션

●

고개를 끄덕이거나 맞장구를 치는 것은 대화의 촉진제가 된다.
— 도미타 타카시

링컨은 훌륭한 인품을 가진 사람으로 널리 존경받는다. 그는 학교에 다니지 못했지만 왕성한 독서를 통해 풍부한 지식을 갖췄고 지혜 또한 뛰어났다. 또한 언제나 겸허했고, 배려심이 좋고, 타인을 생각하는 마음이 남달랐다.

이러한 링컨의 인간적인 매력에 반하지 않을 사람이 없었다. 링컨의 사람 됨됨이를 잘 알게 해주는 이야기이다.

어느 날 국방부 장관인 스탠턴이 화가 난 얼굴로 링컨을 방문했다.

"어서 오시오. 무슨 일이 있소?"

링컨은 그의 표정에서 무슨 일이 있음을 직감했다.

"각하, 너무 화가 나서 도무지 견딜 수가 없습니다."

스탠턴은 편지를 쥔 손을 부르르 떨며 말했다.

"무슨 일인지 얘기해 보시오."

링컨은 빙그레 웃으며 말했다.

"저, 아무개 장군이 저를 험담하고 다닌다고 합니다."

"그래요? 그것 참 문제가 있군요. 장군이 직속 장관을 험담하다니."

"그래서 제가 그 장군에게 보낼 편지를 써서 갖고 왔습니다."

"그래요? 그럼 어디 한번 읽어 보세요."

링컨의 말에 스탠턴은 편지를 읽어 내려가기 시작했다. 감정이 잔뜩 실려 있는 편지였다. 하지만 링컨은 모른 체하며 "허허, 못된 사람일세." 또는 "저런, 한 대 쥐어박아도 시원찮을 사람 같으니라고."라고 맞장구를 치며 어느 땐 주먹을 불끈 쥐고 흔들어 댔다.

링컨의 말에 스탠턴은 더 큰소리로 편지를 읽었다. 편지를 그대로 보냈다가는 문제가 생길 게 빤한 내용이었다.

편지를 다 읽고 난 후에도 화가 안 풀어졌는지 스탠턴은 연신 씩씩댔다.

"편지 내용을 보니 장관이 화가 날 만도 하겠어요. 나라도 그랬을 거니까."

링컨은 이렇게 말하며 스탠턴의 얼굴을 바라보았다.

"그렇지요? 제가 왜 이토록 화가 났는지 잘 아시겠지요?"

"아무렴, 알다마다요."

"이 편지를 보면 아마 가슴이 따끔할 겁니다."

스탠턴은 의기양양해서 말했다.

"그렇겠지요. 아마 두려워서 안절부절못할 거예요."

링컨은 고개를 끄덕이며 말했다.

"이제야 속이 좀 후련하네요."

스탠턴은 가슴을 쓸어내리며 말했다.

"그런데 장관, 그 편지를 꼭 보내야겠어요?"

"아니, 그게 무슨 말씀이세요?"

스탠턴은 링컨의 말에 고개를 갸우뚱거리며 물었다. 방금까지만 해도 자기 편을 신나게 들어준 그였는데, 편지를 꼭 보낼 거냐고 물으니 의아심이 든 것이다.

"장관, 장관은 나에게 편지를 읽으며 화를 풀지 않았소. 그런데 편지까지 보낸다는 건 좀 그렇지 않소?"

링컨은 빙그레 웃으며 말했다.

"하지만 각하, 그런 사람은 혼쭐을 내야 합니다."

스탠턴도 자신의 주장을 굽히지 않았다.

"장관, 장관이 이처럼 화가 났었다는 걸 알게 되면, 그 장군은 장관을 대하기를 껄끄러워할 거예요. 하지만 장관이 그 모든 것을 알고 있으면서도 아무런 조치를 하지 않으면 장관을 높이 평가할 것이오."

링컨의 말에 스탠턴은 고개를 끄덕였다. 그리고 두 손으로 얼굴을 문지르고 나서 말했다.

"각하, 제가 너무 감정만 앞세웠습니다. 말씀을 듣고 보니 편지는 안 보내는 게 좋을 것 같습니다."

"하하, 그래요? 잘 생각했소."

링컨은 스탠턴의 등을 두드리며 말했다.

스탠턴은 화가 난 처음과는 달리 웃으며 대통령 집무실을 나갔다. 링컨은 빙그레 웃으며 창밖을 바라보았다.

이 이야기를 통해 링컨의 사람됨을 잘 알 수 있다. 링컨은 장관이 편지를 보내게 되면 장군은 더욱 장관과 사이가 나빠질 거라고 생각했다. 그렇게 되면 장관과 장군 사이가 좋지 않게 되고, 전력의 문제가 생길 수도 있다고 판단한 것이다. 링컨에게는 장관도 장군도 둘 다 필요한 사람이니까.

링컨은 지혜롭게도 장관의 편을 들어주는 척 맞장구를 쳐주다가, 장관의 감정이 어느 정도 풀린 틈을 타 이성적으로 생각하기를 주문한 것이다. 만약 링컨이 화가 난 장관에게 처음부터 이성적으로 생각하라고 권유했다면, 장관은 오히려 더 화가 났을 것이다. 자신의 마음을 몰라 주는 대통령이라는 원망과 함께.

역시 링컨은 대인이다. 그는 사람의 마음을 읽을 줄 아는 소통의 귀재였다. 그랬기에 노예를 해방시키고, 진정한 민주주의의 틀을 세울 수 있었다.

맞장구 소통은 인간관계에서 잘만 활용한다면 불상사를 막고, 전화위복의 기회로 삼아 더욱 좋은 관계로 이끌어 줄 것이다.＊

맞장구는 감정을 풀어준다

사람들은 억울한 소리를 들으면 화가나 어쩔 줄을 몰라 한다. 그래서 자신의 마음을 잘 알아줄 주변 사람에게 터놓고 자신의 억울한 입장에 대해 이해를 구한다. 그런데 이럴 때 처신을 잘해야 한다. 화가 나 있는 사람의 입장에서 편을 들어주면, 화가 난 사람은 카타르시스를 느낀다. 그래서 실컷 감정을 쏟아내고 나면 속이 후련해진다.

그런데 화가 난 사람을 보고 무조건 참아라, 이해해라, 한다면 완전히 꼭지가 돌아버리는 일이 생길 수도 있다. 그것은 오히려 화를 돋우는 일이니까.

맞장구 소통은 맞장구를 쳐주는 것만으로도 상대방의 감정을 풀어줄 수 있는 좋은 소통법이다. 이를 적극적으로 활용하라.

소통에 대한 오해와 진실

사람들은 대개 소통을 잘하려면 말을 잘해야 한다고 생각한다. 물론 말은 인간관계에서 매우 중요하다. 말이란 자기 생각이나 의견을 상대방에게 전달하는 중요한 매개체이기 때문이다.

이러한 이유로 말은 효과적으로 해야 한다. 말을 효과적으로 한다는 것은 자신의 생각과 의견을 명확하고 신속하게 전달함으로써, 자신이 뜻하는 바를 얻음으로써 성취감을 맛볼 수 있다.

효과적으로 말을 하려면 어떻게 해야 할까.

첫째, 자신이 전달하려고 하는 생각의 핵심을 간결하고 명확하게 해야 한다. 이런 경우 대개는 만족감을 나타낸다. 바쁜 일상에서 시간의 낭비를 줄이고, 불필요한 에너지를 뺏기지 않는다고 여기기 때문이다.

둘째, 같은 말을 반복함으로써 상대방에게 지루함을 주어서는 안 된다. 이런 타입의 사람은 상대방에게 비호감으로 비쳐지기 십상이다.

셋째, 상대방이 원하는 것이 무엇인지에 대해 짚어내는 센스가 필요하다. 사람들은 자신의 생각을 정확하게 짚어내는 사람에게 호감을 느낀다. 자신과 잘 통한다고 생각하기 때문이다.

넷째, 정중하고 예의 있게 말을 해야 한다. 이런 타입의 사람은 거부감을 주지 않고, 정확하고 반듯한 사람으로 여겨 신뢰할 수 있는 사람으로 생각한다.

다섯째, 상대방의 말에 적극적으로 호응하는 태도를 보이는 것이 좋다. 이는 상대방에게 '당신은 말을 참 잘하는군요.'라는 생각을 갖게 하기 때문이다. 이런 사람을 싫어할 사람은 어디에도 없다.

말을 효과적으로 하는 방법에 대해 다섯 가지로 살펴보았다. 하지만 말은 소통의 수단 중 한 부분이라는 사실을 간과해서는 안 될 것이다.

말이 소통 수단의 한 부분이라면 어떤 소통의 수단이 있는 것일까. 이에 대해 살펴봄으로써 말만 잘하면 된다는 인식을 불식시킴으로 해서 보다 더 폭넓은 소통의 의미를 제시하고자 한다. 자신에게 잘 맞는 소통 수단을 활용함으로써 인간관계에서보다 더 긴밀하고 자연스러운 소통을 할 수 있길 바란다.

말 외의 소통 수단에는 어떤 것이 있을까.

첫째, 선물이다.

분에 넘치는 선물은 자제할 필요가 있지만, 정성이 가득 담긴 선물은 상대방의 마음을 여는 데 매우 효과적이다. 부부, 연인, 부모, 친구 사이에 선물의 효과는 생각보다 크다.

또한 기업과 소비자 간의 마케팅에서도 선물은 훌륭한 홍보 효과를 준다. 선물을 적절하게 잘 맞춰서 하는 센스를 갖는다는 것은 원활한 소통을 하는 데 있어 필수조건이다.

둘째, 편지이다.

편지는 말로 하기 어려운 경우 잘 활용하면 의외의 효과를 얻을 수 있는 좋은 소통의 수단이다. 특히 모르는 사람에게 관심을 유도하는 데 매우 효과적이다. 얼굴을 모르는 상태에서 이 사람은 어떤 사람일까 하는 호기심을 주기 때문이다. 또 입장이 난처한 경우일 때 편지는 의외의 효과를 준다. 서로 마주 보고 말로 해서 감정을 일으킬 수 있는 일도 진실한 마음을 담아 보내면 상대방의 닫힌 마음을 쉽게 열 수 있다.

셋째, 문자이다.

문자 역시 편지와 같은 효과를 주지만 신속하게 자기 생각을 전달할 수 있다는 장점이 있다. 편지보다야 깊은 감흥은 줄 수 없지만, 적절히만 잘 활용한다면 SNS 시대에 매우 효과적이다.

넷째, 메일이다.

전자우편 역시 상대방을 보지 않고 자기 생각을 전달한다는 것은 문자와 비슷하다고 할 수 있다. 그러나 문자보다는 자신의 생각을 더 많이 보여줄 수 있다는 것은 장점이라고 하겠다. 전자우편을 지혜롭게 잘 활용한다면 좋은 소통의 수단이 된다.

다섯째, 진정성 있는 행동이다.

친절한 말과 행동, 배려, 양보 등의 행동은 상대방의 마음을 움직이게 하는 데 매우 효과적이다. 사람들은 이처럼 진정성 넘치는 사람을 믿고 신뢰를 보낸다. 왜 그럴까. 이런 사람들은 마인드가 잘

갖춰진 사람이라는 인식을 주기 때문이다.

소통에 대한 오해인, 소통을 잘하려면 말만 잘하면 된다는 생각을 버려라. 말은 단지 소통의 수단 중 하나일 뿐이다.
말을 잘하는 사람 중에도 소통의 부재를 겪는 사람들이 참 많다. 말만 잘할 뿐 행동은 말과 다르기 때문에 생겨나는 현상이다.
그러나 말은 잘 못하지만 소통의 귀재들이 있다. 이런 사람은 말에서 줄 수 없는 것을 친절한 행동이라든지, 배려라든지, 선물의 활용법을 잘 활용하기 때문이다.
그렇다면 소통의 진실은 무엇인가.
인간관계에서 소통을 능숙하게 이끌고 싶다면 말이든, 행동이든, 선물이든, 문자든, 편지든 자신이 가장 잘할 수 있는 것으로 하면 된다.
소통도 센스이다. 센스 있게 소통하라.

칭찬은 고래도 춤추게 하고,

사자도 말 잘 듣는 애완동물이 되게 한다.

칭찬만큼 소통을 원활하게 해주는 것도 드물 것이다.

칭찬은 나와 너, 나와 우리 사이를

완전히 하나로 만드는 마력을 갖고 있다.

CHAPTER 5

사람을 변화시키는 마인드 칩,
칭찬

원칙과 믿음에 의한 소통

남들과 다른 자신만의 원칙을 세워라.
— 워린 버핏

지혜의 대명사 제갈공명은 자기 뜻을 이루는 데 유비가 꼭 필요함을 절실히 느끼고 세 번이나 그를 찾아갔을 만큼 지략이 뛰어난 사람이다. 그는 지혜만 뛰어난 것이 아니라 자신에게 엄중하고 빈틈이 없는 사람이었다. 또한 타인에게도 빈틈을 보이지 말라고 할 만큼 그야말로 완벽에 가까운 사람이었다.

사람들이 이런 마인드를 가진 사람에게 보이는 현상은 크게 두 가지이다.

첫째는, 치밀함과 빈틈없는 자세에 "나 같으면 절대 그렇게 못 살아. 숨이 막혀 어디 살겠어?"라고 말한다.

둘째는, "나는 그렇게 살지 못하지만 그러기 때문에 참 존경스러워."라고 말한다.

물론 첫 번째에 해당하는 사람들이 대부분이다. 제갈공명처럼 살아간다는 것은 스스로가 피곤하고 고달픈 일일 수도 있다. 그러기에 제갈공명이 한층 돋보이는 것이다. 이러한 제갈공명의 마인드를 잘 알게 해주는 이야기이다.

위나라와의 전쟁이 한창때 일이다.

"마속은 듣거라. 내가 네게 선봉장을 맡기는 이유는 네가 적임자라고 믿기 때문이다. 반드시 승리하고 돌아오라."

"명심하겠나이다. 군사 어른."

제갈공명은 자식처럼 아끼는 마속이란 젊은 장수에게 선봉장을 맡겼다.

그런데 마속은 자신의 본분을 잊은 채 제갈공명이 세운 전략을 무시하고 자기 멋대로 하는 바람에 크게 패하고 말았다. 제갈공명은 마속이 괘씸하기 짝이 없었다. 그토록 믿었던 마속이 그의 믿음을 헌신짝처럼 차버린 것이다.

"너는 어쩌자고 내 명령을 어긴 것이냐?"

대로한 제갈공명은 추상같은 목소리로 물었다.

"죄송하옵니다. 죽을죄를 지었나이다."

마속은 납작 엎드려 대죄를 청했다. 전쟁에서 패한 장수는 유구무언이다. 오직 윗사람의 처분만 기다릴 뿐이다.

"정녕, 네 죄를 네가 알렸다!"

제갈공명은 다시 한번 물었다.

"네. 죽어 마땅하옵니다."

마속은 고개를 숙인 채 울면서 말했다.

"좋다. 내가 어떤 형벌을 내리더라도 나를 원망하지 마라."

"네, 군사 어른."

마속은 끝까지 자신의 잘못을 인정하였다. 하지만 제갈공명은 자신이 너무도 아끼는 참모였지만, 일벌백계一罰百戒하는 심정으로 그를 참하라는 명령을 내렸다.

"저 죄인을 참하라!"

제갈공명의 명령이 떨어지기 무섭게 마속의 목이 날아갔다. 제갈공명은 마속의 죽음 앞에 마음이 쓰리고 아팠지만, 공명정대한 군율을 위해 그 누구라도 잘못을 하면 엄한 벌을 받는다는 사실을 널리 알림으로써 실패를 줄이고 끝까지 최선을 다하는 마음을 심어주고자 함이었다. 이를 잘 아는 장졸들은 제갈공명의 추상같은 엄격함에 스스로 게을리하는 일이 없었고, 자기가 맡은 일에 책임을 다함으로써 촉나라는 더욱 강성해졌다.

그러던 어느 날 촉나라 중심인물 중 한 사람이 제갈공명이 있는 곳으로 찾아와서 이렇게 물었다.

"지금 전쟁으로 온 나라가 어수선한데 어찌 그렇게도 아끼던 마속을 참하셨는지요?"

"손무가 위세를 떨칠 수 있는 것은 군법을 엄격하게 지켰기 때문이오. 지금 우리의 사정 또한 그와 다르지 않소. 그러니 어찌 잘못을 보고만 있을 수 있단 말이오. 군법을 어기는 일은 반역을 하는 거와 같소. 앞으로도 이런 일엔 더욱 엄격하게 할 것이오."

제갈공명의 대답에 아무런 말도 할 수 없었다. 그의 목소리가 너무도 확고했기 때문이다.

제갈공명의 소통법은 원칙과 믿음이다. 원칙과 믿음을 잘 지키면 매사에 허점이 없는 법이다. 하지만 원칙과 믿음을 어기면 매사가 허점투성이가 된다.

지금 우리 사회는 원칙을 지키지 않는 사람들로 들썩이고 있다. 앞장서서 법을 지켜야 할 정치인들과 관료들이 원칙을 무시하고 그 대가로 줄줄이 철창신세를 지고 있다. 이렇듯 원칙을 깨고 믿음을 깨는 일은 인간관계를 포기하는 일이다.

원만한 인간관계를 통해 소통이 원활하게 이어가길 바란다면 원칙을 지키고 믿음을 보여야 한다.

현대 사회에서 원칙과 믿음은 소통의 씨앗이다. 소통의 씨앗이 잘 발아할 수 있도록 해야 한다.＊

원칙과 믿음 지키기

원칙과 믿음은 반드시 지켜야 한다. 원칙과 믿음이 깨지면 인간관계가 무너지고, 소통에 제동이 걸리기 때문이다. 소통에 제동이 걸리면 사회의 흐름이 막히고, 인간관계가 단절된다.

원칙과 믿음을 지키기 위해 어떻게 해야 할까.

첫째, 어떤 경우에도 원칙을 깨는 일은 없어야 한다.

둘째, 어떤 경우에도 믿음을 꼭 지켜야 한다.

셋째, 원칙과 믿음은 인간관계를 돈독하게 하는 소통의 필수 요소임을 마음에 새겨 항상 자각해야 한다.

원칙과 믿음은 가장 근원적인 소통의 마인드이다. 이를 습관화할 때 소통의 귀재가 될 수 있다.

사람을 변화시키는
마인드 칩(chip), 칭찬

●

칭찬은 평범한 사람을 특별한 사람으로 만드는 마법의 문장이다.
— 막심 고리키

내가 사는 아파트 입구에 미용실이 새로 오픈하였다. 나는 50미터도 채 안 되는 가까운 거리에 미용실이 생겼다는 것에 귀가 솔깃하였다. 지금껏 머리를 깎으려면 인근 동네로 가거나 시내로 나가야 했기 때문이다.

미용실이 생기고 나서 며칠 후 나는 머리를 깎으러 그곳을 찾아갔다. 미용실 문을 열고 들어가자 30대 중반의 여자가 앉아 있었다.

"지금 머리 깎을 수 있습니까?"

"네. 이쪽으로 앉으세요."

여자는 내 말에 무표정한 얼굴로 말했다. 대개는 "어서 오세요." 하고 손님을 맞는 것이 상식이다. 그런데 미용실 여자는 인사성이 없었다. 나는 자리에 앉으면서 '참 무뚝뚝한 여자구나' 하고 생각했다. 그리고 '머리를 맘에 들게 못 깎으면 어떡하지?' 하고 은근히 걱정되었다. 생각해보라. 누구든 자기 스타일에 맞지 않게 깎으면 짜증이 나는 게 보편적인 일이지 않은가. 나는 썩 마음에 내키지 않았지만, 어차피 깎을 머리니 맡겨 보기로 했다.

"어떻게 자를까요?"

여자는 나를 흘끗 쳐다보면서 말했다. 나는 내 헤어스타일에 대해 말해 주었다. 여자는 고개를 끄덕이더니 이내 머리를 손질하기 시작했다. 생각과는 달리 제법 손놀림이 빨랐다. 그런데 뒷머리를 깎을 때 내가 한 말을 잊고 자기 멋대로 자른 게 아닌가.

"저기, 잠깐만요."

"왜요?"

갑작스런 내 말에 여자는 조금은 당황한 것 같았다.

"내가 얘기한 것과 다르잖아요."

"아닌데요. 말씀하신 대로 자른 건데요."

여자는 당연하다는 식으로 말했다.

'어라, 이 여자 봐라.'

순간 나는 화가 치밀어 올랐지만 자제하고 차근차근 말했다. 그리고 더 이상 그렇게 자르지 말고 지금 상태에서 잘 어울리게 다듬어 달라고 했다. 그러자 여자는 못마땅하다는 표정으로 다시 머리를 손질하기 시작했다. 다 마치고 나서 보니 썩 맘에 들지 않았지만, 돈을 계산하고 나왔다. 역시 여자는 인사가 없었다.

그로부터 3주 후 머리를 깎으러 가야 하는데 망설여졌다. 지난번은 처음이니까 그럴 수 있으려니 했지만 두 번째는 달랐다. 그러자 고민이 되었다. 다른 데서 깎자니 시내로 가거나 아니면 인근 동네로 가야 하는데 미용실을 곁에 두고 그렇게까지 한다는 게 좀 그랬다. 이리저리 생각하던 나는 내가 좀 더 붙임성 있게 대해야겠다고 생각하고는 미용실로 갔다.

역시나 여자는 무표정한 얼굴로 고개만 까딱했다. 나는 머리 스타일에 대해 차근차근하게 말했다. 여자는 고개를 끄덕이더니 머리를 깎기 시작했다. 나는 중간중간에 원하는 바를 짚어주었다. 여자는 별말 없이 내가 말하는 대로 따라주었다. 머리 감는 것까지 마치고 나서 거울을 보니 먼저께보단 훨씬 나았다.

"맘에 들게 잘 깎았는데요."

나는 웃으며 말했다.

"그러세요."

여자는 짧게 말했지만 내 칭찬에 기분이 좋은 듯했다.

나는 집으로 오면서 생각했다.

'칭찬하자. 칭찬하는 대로 내게 돌아올 거야.'

내 생각은 적중했다. 그다음부터 나는 조금만 마음에 들어도 "굿!"하며 엄지손가락을 치켜세웠더니, 그녀는 문까지 따라 나오며 인사를 하는 게 아닌가.

"안녕히 가세요."

역시 칭찬의 효과는 대단했다. 무뚝뚝하고 무표정한 여자가 칭찬 한마디에 친절하고 상냥한 여자가 되었으니.

그 후 4년 가까이 그녀에게 계속 머리를 깎고 있는데, 완전 VIP 대접을 받고 있다. 만일 내가 처음 미용실을 다녀온 후 '무슨 여자가 저렇게 무뚝뚝하고 매너가 없는 거야. 공짜도 아니고 내 돈 주고 깎는데 그따위로 대접받으면서 머리를 깎을 수는 없지.' 하고 다른 곳으로 갔다면 어땠을까. 집 옆에 미용실을 놔두고 머리 깎으러 다니느라고 돈도 더 들고 시간도 더 들었을 것이다.

칭찬의 효과는 참 놀라웠다. 사소한 칭찬이 무표정한 여자를 친절하고 상냥한 여자로 바꿔 놓은 것이다.

"나는 칭찬 하나로 두 달을 살 수 있다."

이는 동화 《왕자와 거지》로 유명한 마크 트웨인이 한 말이다. 그렇다. 칭찬은 먹지 않아도 배부르게 하고, 바보도 천재로 만들 수 있다. 칭찬은 고래도 춤추게 하고, 사자도 말 잘 듣는 애완동물이 되게 한다. 칭찬만큼 소통을 원활하게 해주는 것도 드물 것이다. 칭찬은 '나와 너', '나와 우리' 사이를 완전히 하나로 만드는 마력을 갖고 있다. 동화의 아버지 안데르센은 어머니의 칭찬에 힘입어 최고의 동화작가가 되었고, 엔리코 카루소 또한 어머니의 칭찬으로 세계 테너계의 영원한 전설이 되었다.

칭찬하라. 칭찬은 남도 기분 좋게 하고 자신도 기분 좋게 하는 '소통의 매직'이다.＊

칭찬은 소통의 매직이다

칭찬은 왜 사람들을 좋아하게 할까?

첫째, 칭찬을 받으면 자신이 잘난 사람처럼 여겨서 스스로 만족하게 된다. 만족은 행복을 주는 '기쁨의 비타민'이다.

둘째, 칭찬을 받으면 엔도르핀이 분비되어 기분을 한껏 끌어올린다. 기분이 좋으면 매사에 자신감이 생기고 긍정적인 마인드가 된다.

셋째, 칭찬을 받으면 여유로운 마음이 생겨 관대해진다. 마음의 여유는 소통을 원활하게 하여 인간관계 증진에 큰 도움을 준다.

칭찬의 효과는 크게 세 가지로 규정해볼 수 있다. 인간관계를 부드럽게 이어주는 칭찬은 '소통의 매직'이다.

상대의 마음을
열게 하는 오픈 마인드

당신이 세상에서 가장 현명하고 지혜로운 사람이라는 확신을 얻는 방법이 있다.
그것은 사람들의 말을 주의 깊게 듣는 것이다.
—레스 기블린

생각이 깨어 있는 사람, 까칠하지 않고 남의 얘기에 귀 기울이는 사람은 오픈 마인드를 가진 사람이다. 이런 사람은 어떤 얘기에도 귀를 세워 듣고, 타인을 존중하며, 배려하는 마음이 뛰어나다.

그러나 옹졸한 사람은 마음이 꽉 막혀 자신에게 조금이라도 불리한 얘기나, 언짢은 얘기엔 쉽게 화를 내며 자신의 감정을 그대로 드러낸다. 닫힌 마음은 사람을 옹졸하게 만든다. 그래서 닫힌 마음을 가진 사람들은 소통에 장애를 일으켜 인간관계가 매끄럽지 못하다.

소통을 잘하고 인간관계를 아름답게 이어가려면 오픈 마인드를 길러야 한다. 오픈 마인드는 상대방의 마음을 열게 하는 '소통의

문'이다

오픈 마인드에 대한 이야기이다.

링컨의 트레이드마크인 수염.

링컨이 수염을 기르게 된 데에는 이유가 있다. 링컨이 대통령선거에서 당선이 되었을 때였다. 뉴욕에 살고 있는 한 소녀가 링컨에게 편지를 보낸 것이다.

링컨 대통령님께

대통령님, 저는 뉴욕에 살고 있는 소녀 그레이스입니다. 대통령님께 편지를 쓰게 된 것은 대통령님께서 수염을 기르시면 훨씬 멋지고 인자하게 보일 것 같습니다. 그러니 수염을 기르시는 게 어떨까요?

제가 너무 당돌하다고 생각하지 마시고 꼭 수염을 기르시면 좋겠어요. 수염 기른 멋진 모습을 기대할게요.

안녕히 계세요.

– 그레이스 베델 올림

링컨은 편지를 읽고 나서 빙그레 미소를 지었다. 참 재미있는 소녀의 발상이었던 것이다. 하지만 링컨은 지금 수염을 기르면 사람들이 어리석은 짓이라고 할지도 모른다고 답장을 보냈다.

그리고 얼마 후 소녀로부터 편지가 왔다. 소녀는 너무 인상이 엄숙해서 그러니 수염을 기르면 누구나 친근감을 느낄 거라고 재차 말했다. 또 자신의 친구들도 수염을 기르기를 바란다고 덧붙였다.

링컨은 빙그레 미소를 머금으며 고개를 끄덕였다. 그리고 그는 수염을 기르기 시작했다. 링컨은 수염이 자라는 모습을 보며 새로운 자신의 모습에 만족해했다.

어느 날 링컨은 워싱턴으로 가기 위해 뉴욕을 지나고 있었다. 그런데 링컨은 갑자기 기차를 멈추게 했다. 그리고 밖으로 나왔다. 그러자 많은 시민이 링컨을 보기 위해 몰려들었다.

"혹시 여기 그레이스 베델이란 소녀가 있습니까?"

링컨은 사람들을 향해 말했다. 그때 그레이스 베델이 손을 들고 말했다.

"제가 그레이스 베델입니다!"

"아, 그래요. 소녀가 그레이스 베델이군요."

"네. 대통령님!"

"그레이스 말대로 수염을 길렀는데 어때요? 괜찮아요?"

링컨은 수염을 쓰다듬으며 말했다.

"네. 아주 멋지세요!"

그레이스 베델은 자신의 제안을 들어 준 링컨이 너무 고마워 감격에 젖은 목소리로 말했다.

"그래요. 정말 고마워요. 나를 멋지게 만들어줘서."

링컨이 수염을 기르게 된 사연을 알게 된 시민들은 링컨의 넓은 마음에 감동하였다.

"링컨은 정말 깨어 있는 사람이야. 소녀의 의견을 받아주다니."

"그러게나 말이야. 마음이 열려있는 멋진 대통령이야."

시민들의 칭송을 들으며 링컨은 열차에 올랐다. 그레이스 베델과 시민들은 떠나가는 열차를 향해 안 보일 때까지 손을 흔들어 주었다.

이 이야기는 링컨의 사람 됨됨이를 잘 알게 해준다. 수염을 기르면 좋겠다는 소녀의 말조차 귀담아 들어주었던 링컨은 보통 사람들과는 다른 오픈 마인드를 가졌다. 마음을 열어 놓고 작은 일에도 지나치지 않는 세심한 배려와 관심이 존경스럽다.

오픈 마인드는 소통을 하는 데 있어 최적의 수단이다. 마음이 열린 사람은 소통을 잘하기 때문이다. 마음을 열고 사람을 대하라. 마음을 열면 상대방도 마음을 열고 대할 것이다.＊

원활한 소통은 오픈 마인드에서 온다

마음을 연다는 것은 상대방의 얘기를 받아들일 준비가 되었다는 것을 의미한다. 하지만 마음을 닫고 있으면 상대방을 받아들일 준비가 안 되었다는 것을 뜻한다.

마음을 열고 사람을 대하는 것과 마음을 닫고 대하는 것은 천지 차이다. 마음을 열면 인간관계가 매끄러워진다. 하지만 마음을 닫으면 인간관계는 답답하고 껄끄러워진다.

원활한 소통은 오픈 마인드에서 온다. 소통을 잘하고 싶다면 마음을 오픈시켜라. 사람들은 오픈 마인드를 가진 사람에게 매력을 느끼고 그와 함께하길 바란다.

마음을 여는 당신이 돼라.

열린 소통,
먼저 다가가기

●

사람의 마음은 나이에 상관없이 먼저 열리는 사람에게 그 보답으로 열린다.
— 마리아 에지워스

요즘 들어 형철은 잠을 설치는 바람에 늘 피로에 절어있다. 보름 전 위층에 사람들이 이사를 오고 나서부터다. 그전까지는 두 부부가 살아 조용했는데, 새로 이사 온 집엔 서너 살쯤 된 남자아이가 있었는데 어찌나 극성스러운지 이사 온 이후 한시도 조용한 날이 없었다.

무슨 애가 잠도 없는지 12시가 넘어도 연신 쿵쾅거리질 않나, 아침에도 일찍 일어나 설쳐대기 일쑤이다. 게다가 무슨 일을 하는 사람들인지 연신 뚝딱대고 갈아대는 소리로 시끄러웠다.

참다 참다 화가 난 형철은 경비실에 대고 화풀이하듯 말했다.

"여기 103동 707혼데요, 807호가 너무 시끄러워 미칠 지경이에요."

"어떻게 시끄러운데요?"

"남자아이가 하루 종일 날뛰고, 뚝딱대고 갈아대는 소리로 잠을 설쳐 피곤해 죽겠어요. 그러니 빨리 조치해 주세요."

"알았습니다."

잠시 후 잠잠해졌다. 형철은 한숨까지 내쉬며 안도하였다. 그러나 그것도 잠시뿐이었다. 남자아이가 질러대는 괴성과 뛰어대는 통에 형철의 머리에서는 김이 나기 시작했다.

"도대체 어떻게 생겨 먹은 것들이야. 내 이것들을 작살을 내고 말아야지."

형철은 윗옷을 걸치고 나가려다가 전화를 받았다. 친구 동우였다. 형철은 그와 20여 분 통화를 하는 바람에 조금은 마음이 사그라들었다. 또 그와 동시에 시끄러움도 멈췄다. 전화를 받는 사이 문 열리는 소리가 나더니 밖으로 나간 것 같았다.

형철은 윗옷을 벗고 책상에 앉아 읽던 책을 다시 집어 들었다. 그리고 서너 시간을 조용히 보낼 수 있었다.

그러나 그것으로 땡이었다. 언제 들어왔는지 또 뛰고 야단이었다.

"조상에 말 새끼가 있나, 왜 저리 뛰어대고 난리야. 애나 어른이나 똑같은 족속들이네."

형철의 입에서는 육두문자가 쉴 새 없이 쏟아져 나왔다.

이사 가든가, 무슨 대책을 세워야지 이대로 있다간 필경 무슨 일을 낼 것만 같았다.

그런데 이사를 한다는 건 너무 억울했다. 지금껏 7년을 살아왔는데 저 사람들 때문에 이사를 생각한다는 것이 왠지 기분을 더럽게 만들었다. 마치 전쟁에서 패한 패잔병 같은 기분이랄까, 아무튼 그랬다.

형철은 연신 일어났다 앉았다를 반복하며 끓어오른 열을 식혔다. 하지만 그렇다고 식혀질 열이 아니었다.

'저것들을 작살을 내버려. 그러면 문제가 해결될까? 아니면 융화책을 써?'

형철의 머리는 이런 생각 저런 생각으로 빠르게 돌아갔다.

'작살을 내버리면 아파트가 떠들썩하겠지. 그리고 내 성격을 아파트 사람들에게 보여야 하고, 그러면 내 체면은 완전히 구겨지겠지. 그래서 조용해진다고 해도 남는 건 구겨진 내 체면이겠지. 아, 뭐가 이렇게 복잡해.'

형철은 이렇게 생각이 미치자 깊은 한숨을 몰아쉬었다.

'찾아가서 선의적으로 말하고 타협책을 쓸까? 아, 이건 내가 쪽팔리는 기분이 드는데. 그러면 어떻게 하면 좋을까.'

형철은 또다시 생각에 잠겼다. 그리고 결론을 내렸다. 아파트 사람들에게 이미지 더럽히고 체면 구기는 것보다는 쪽팔리는 쪽을 택했다.

형철은 시내로 나가 남자아이들이 좋아하는 장난감을 사 들고 왔다. 조용히 살 수만 있다면 이까짓 돈 몇만 원은 문제도 아니라고 생각했다. 하지만 한편으로는 아까운 생각도 들었다. 한 번도 본 적이 없는 원수 같은 인간들에게 생돈을 쓴다 생각하니 슬그머니 화가 치밀어 올랐다.

장난감을 살 때만 해도 즉시 찾아가자고 생각했지만, 아깝다는 생각이 들자 방 한쪽 구석에 밀어놓고 또다시 생각에 잠겼다.

'조금만 참아 봐?'

이렇게 생각하는 데 "우당탕 탕탕!" 또 난리가 났다.

"아, 짜증 나! 저것들을 그냥!"

형철은 이를 박박 갈며 자리에서 일어나 위층으로 갔다. 벨을 누르자 "누구세요?"라는 여자의 목소리와 함께 문이 열렸다.

"저, 나는 아래층에 사는 사람입니다."

"아, 그러세요. 시끄러워서 오셨지요?"

여자는 난처한 표정으로 말했다.

"네."

"저, 잠깐 들어오세요."

여자의 말에 형철은 잠시 실례하겠다며 안으로 들어갔다. 남자아이가 초롱초롱한 눈망울을 굴리며 형철을 바라보았다. 생긴 건 완전 순해 보이는데 행동은 전혀 아니었다.

"저, 이 댁이 이사 온 후로 잠을 자꾸만 설쳐 몹시 괴롭습니다. 그래서 말인데 아이를 좀 자제시켜주셨으면 좋겠습니다."

형철은 목소리를 깔고 베이스로 말했다.

"아, 네. 그래야 하는 데 애가 워낙 산만해서 저희도 가는 데마다 참 걱정이에요. 이곳으로 이사를 온 것도 아파트 사람들이 시끄럽다고 항의를 하는 바람에, 그래서 오게 됐습니다. 죄송해요."

여자는 이렇게 말하며 미안해했다.

"참, 그리고 뚝딱대고 무언가를 가는 소리가 들리던데 그건 무슨 소립니까?"

"아, 아이가 하도 산만해서 베란다에 올라가지 못하게 장치하느라고 그랬는데, 다 끝내서 이제 소리가 안 날 거예요."

"그랬군요."

형철은 자신은 새벽까지 책을 보고 늦게 자 늦게 일어나니 잠을 깨우지 말 것과 10시 이후에는 무슨 일이 있더라도 아이가 자제토록 해주기를 요청했다.

여자는 형철의 말에 어떤 일이 있더라도 그 약속만은 꼭 지키겠다고 했다.

"이거, 네 선물이야. 아저씨가 이거 줄 테니 뛰지 말고 조용히 놀아라."

"네."

아이는 대답을 하더니 얼른 손을 내밀어 낚아채듯 장난감을 채갔다.

"아유, 안 그러서도 되는데요. 이러면 너무 죄송하잖아요."

여자는 손사래를 치며 말했다.

"아닙니다. 저, 약속 꼭 좀 지켜주세요."

"네, 꼭 지키도록 할게요."

여자는 이렇게 말하며 현관 밖까지 따라 나와 인사를 했다.

그날 이후 여자는 약속대로 지켰다. 간간이 약속을 어기기는 했지만, 그 정도는 참아주기로 했다.

형철은 '화나는 대로 했다면 어땠을까?' 하고 가끔 생각해보곤 하는데, 자신이 먼저 찾아가 좋은 해결책을 쓴 것이 참 현명했다는 생각에 미소를 짓곤 한다.

요즘 아파트 층간 소음 문제로 시끄럽다. 그래서 불미스러운 일이 종종 일어나 사회문제로 대두되고 있다.

이런 문제도 형철이 택한 방법대로 한다면 의외로 쉽게 문제를 해결할 수 있을 것이다. 참다 참다 감정이 폭발하기 때문에 문제가 커지는 것이다.

문제가 발생하면 고민하지 말고 먼저 찾아가 이성적으로 대처하라. 이것이야말로 불상사를 막고 지혜롭게 해결할 수 있는 해법이며 소통의 열쇠가 되어 줄 것이다.*

지혜롭게 대처하기

사람은 감정의 동물이다. 또한 이성의 동물이기도 하다.
감정은 자칫 또 다른 감정을 불러일으켜 문제를 야기시키지
만, 이성은 냉철하고 주지적이어서 감정으로 생기는 문제점
을 해결하는 데 최적의 요소다.
감정은 불만을 고조시키지만, 이성은 불만을 누그러뜨리고
감정을 순화시킨다. 어떤 문제에 봉착하게 됐을 때 감정적
인 대처는 금물이다. 항상, 이성적으로 판단하고 대처하라.
형철의 대처 능력은 매우 이성적이고 바람직하다. 감정이
폭발에 이를 지경이라도 삭이고 삭혀라.
지혜로운 자는 같은 상황에서도 문제를 만들지 않는다. 이
성적인 행동이야말로 상대방과 진정한 소통의 통로가 되어
줄 것이다.

인격의 소통,
정중하고 부드럽게 말하기

●

말이란 그 사람의 마음과 인격을 알리는 것이다.
— 발타자르 그라시안

"정 과장님, D보험 임민호입니다."

"아, 그래요. 이따 11시에 오세요."

"네. 그때 뵙겠습니다."

민호는 기분 좋은 목소리를 날리며 전화를 끊었다.

민호는 올해로 입사한 지 7년 차인 자동차보험 세일즈맨이다. 처음 입사해 많은 시행착오를 겪은 후 고객을 대하는 자신만의 노하우를 확립시킬 수 있었다.

그가 입사하고 나서 처음으로 현장에 투입되어 일하게 되었을 때 일이다. 점심을 먹고 막 사무실로 들어오자마자 고객으로부터 보험 문의를 받았다. 민호는 떨리는 가슴으로 교육 시간에 배운 대로 차근차근 설명하려고 했지만, 생각처럼 잘되지 않았다. 그러자 고객 입장에서는 몇 번을 되물어야 했고, 민호는 주변 선배들의 눈길에 얼굴이 발갛게 달아올랐다.

점점 더 가슴이 콩닥거리며 다리마저 후들거렸다. 게다가 목소리도 투박해 듣는 사람의 입장에서는 기분이 썩 좋지 않을 수도 있었다. 아니나 다를까 고객이 다른 직원을 바꿔 달라며 짜증 섞인 목소리로 말했다. 민호는 얼른 팀장을 바꿔주었다.

"저는 팀장 이기수라고 합니다."

그의 표정으로 보아 고객이 좋지 않게 말하는 것 같았다.

"죄송합니다. 입사한 지 일주일도 채 안 돼 부족한 점이 많습니다. 너그러운 마음으로 이해해주십시오."

팀장은 최대한 목소리를 낮춰 정중하고 부드럽게 말했다. 그러자 고객이 마음이 좀 풀렸는지 팀장이 미소를 지었다. 그리고 찾아뵙겠다고 말하고 전화를 끊었다.

"임민호 씨!"

민호는 팀장의 부름에 그에게 다가갔다.

"자 이리로 앉지."

팀장의 말에 민호는 다소 긴장한 표정으로 자리에 앉았다.

"처음이라 많이 긴장될 거야. 나도 신입 땐 그랬으니까."

팀장이 엷게 웃으며 말했다.

"정말로요?"

"그럼. 처음부터 잘하는 사람이 어디 있나. 처음엔 실수투성이지.

다 시행착오를 겪으며 배우는 거야. 그러니 너무 주눅 들지 마.”

“네, 잘 알겠습니다.”

“그런데 한 가지 명심할 게 있어. 임민호 씨는 말투가 부드럽지 못한데 부드럽게 말하는 연습을 해야겠어. 말투도 꾸준히 연습하면 얼마든지 고칠 수 있어. 우리는 말을 많이 하는 직업이라 가능한 한 정중하고 친절하고 부드럽게 말해야 해. 그래야 고객한테 좋은 인상을 줄 수 있지. 무슨 말인지 알겠지?”

팀장은 민호에게 보험회사 직원으로서의 말투와 자세에 대해 알려주었다.

“네, 팀장님. 오늘부터 열심히 연습하겠습니다.”

“그래. 자, 조금 전의 고객을 만나러 가지.”

팀장은 자리에서 일어나 밖으로 나갔다. 민호는 재빠르게 뒤를 따랐다. 팀장은 고객을 만나면 정중하게 사과부터 하라고 말했다.

“네, 알겠습니다.”

민호는 엷게 웃으며 대답했다. 10여 분 후 고객 사무실에 도착했다. 문을 열고 들어가며 정중하게 인사를 했다. 그리고 조금 전에 자신의 부족함에 대해 사과했다.

“사과는 무슨? 신입사원 때는 다 그런 실수를 하지. 다 이해 하니까 너무 미안해하지 말아요.”

고객은 이렇게 말하며 보험계약서에 사인해주었다.

“감사합니다, 사장님. 앞으로 더욱 잘하겠습니다.”

“하하, 그래요. 일을 잘하게 생겼구먼.”

고객의 말에 민호의 입가엔 웃음꽃이 활짝 피어났다.

사무실로 돌아오는 내내 얼마나 기분이 좋은지 연신 히죽거렸다.

"팀장님, 고맙습니다."

"그래, 열심히 해봐. 그러면 좋은 결과가 있을 거야."

"네, 팀장님."

민호는 퇴근 후 거울 앞에 서서 웃는 연습과 말하기 연습을 했다. 그렇게 시작된 연습은 3개월이 넘도록 계속되었다.

노력의 결과일까, 그의 투박한 목소리는 매우 부드러워졌다. 그러나 그는 노력을 멈추지 않았다. 그렇게 1년이 지났고, 그는 완전히 다른 사람으로 거듭났다. 연말에는 지점 내에서 우수사원으로 선정되어 사장 표창까지 받았다.

그 후 6년의 기간이 흐르고 지금은 팀장이 되어 팀원들을 이끌며 자타가 인정하는 베스트 직원이 되었다.

직장에 입사해 처음 얼마간은 누구나 이런 경험을 하기 마련이다. 그런데 어떤 사람은 그것을 신속하게 고쳐 완전히 다른 사람이 되는가 하면, 어떤 사람은 가르쳐줘도 별반 다르지 않게 행동한다.

생각해보라. 독자라면 전자와 후자 중 누구를 더 선호할지를. 당연히 전자다. 사람들의 생각은 객관적으로 볼 때 비슷하다. 객관성이 확보될 때 더 믿음이 가고 신뢰하게 되는 것이다.

정중하고 부드러운 말투는 상대에게 호감을 주기 때문에 소통하는 데 있어 매우 유리하다는 것을 잊어선 안 될 것이다.*

말은 그 사람의 인격이다

정중하고 부드러운 말은 상대에게 좋은 이미지를 준다. 사람들은 누구나 부드럽고 친절하게 말하는 사람을 좋아하는 경향이 있다. 그래서일까, 이런 사람들이 소통 능력이 뛰어나고, 그로 인해 좋은 결과를 얻는 것을 종종 보게 된다.

정중하고 부드럽게 말하기 위해서는 어떻게 해야 할까.

첫째, 남자의 경우 중저음의 목소리가 듣기 편하고 상대방에게 믿음을 준다. 목소리를 낮춰 약간 굵은 톤으로 말하기를 연습하라.

둘째, 여자의 경우는 하이보이스 톤이 귀에 쏙쏙 들어온다. 목소리를 가다듬어 약간 소리를 높인 뒤 꾸준히 연습하라.

셋째, 반듯한 예의는 상대방을 높여주는 효과를 준다. 그래서 사람들은 누구나 정중하게 말하고 행동하는 사람을 믿고 신뢰한다.

사람마다 목소리의 톤과 색깔이 다 다르다. 누구나 들어서 부담 없이 귀에 쏙쏙 들어오는 목소리로 말하라.

문자의 소통,
편지로 마음 전하기

●

글은 그 사람 자신이다.
— 뷔퐁

지숙은 새벽 한 시까지 가게 일을 하고 뒷정리를 끝내고 집에 오면 거의 두 시가 된다. 그러다 보니 그녀에게 한 가지 고민이 있었는데 그것은 다름 아닌 주차 문제였다.

그녀가 사는 아파트 단지는 400세대가 넘는데 거의 집집마다 자동차를 보유하고 있어, 지하 3층까지 있는 주차장은 언제나 넘쳐나는 차로 초만원을 이룬다. 그러다 보니, 그녀는 주차 문제로 늘 어려움을 겪는 것이다. 그래서 어떨 때는 골목길에 주차하기도 하고, 인근 식당 주차장에 신세를 지기도 했다.

가뜩이나 주차 문제로 골치가 아픈 지숙의 마음을 요즘 들어 더욱 불편하게 하는 일이 있는데, 그것은 두 대가 주차할 수 있는 공간을 한 대가 버젓이 차지하고 있어 눈살을 찌푸리게 한 것이다.

그 차 주인은 꼭 가운데 주차선을 끼고 주차를 했다. 처음에는 그러다 말겠지 하고 넘겼는데 그게 아니었다. 그 꼴불견의 작태는 수일 동안 계속해서 이어졌다.

만일 그 차 주인이 올바른 주차를 했더라면 지숙은 무난히 주차를 할 수 있는 상황이라 너무 억울해 경비실에 그런 사실을 말했다. 그런데도 똑같은 일은 지속적으로 일어났다. 지숙은 생각 끝에 편지를 써서 그 차 와이퍼에 꽂아 두었는데 그 내용은 이러했다.

차주님께

안녕하세요?

저는 105동 1008호에 사는 윤지숙이라고 합니다. 다름이 아니라 제가 밤늦게 일을 하고 집으로 오면 항상 주차에 어려움을 겪는데 요즘 들어 더욱 힘이 듭니다. 그 까닭은 귀하께서 두 대의 주차 공간을 혼자서 사용하기 때문인데 그러다 보니 제 차가 주차할 공간이 없습니다. 그래서 아파트 입구 골목길에 주차하는 불편을 그동안 감수해 왔습니다. 그런데 더는 그렇게 할 수가 없어 이렇게 결례를 무릅쓰고 긴 메모를 남깁니다. 공동체 생활을 하는 공간에서 나 하나쯤이야, 하는 생각으로 그렇게 한다고 생각하지는 않습니다. 그만한 사유가 있거나 아니면 또 다른 이유가 있을 거라는 생각을 해봅니다. 이런

저의 마음을 헤아려주시면 감사하겠습니다.

혹여, 저의 글이 귀하의 마음을 불편하게 했다면, 너그러운 마음으로 이해해주시기 바랍니다.

다음 날 새벽 퇴근을 해서 아파트 주차장으로 들어서던 지숙은 자신의 눈을 의심했다. 자신의 차가 주차할 공간이 자신을 기다리고 있었고, 그 문제의 차는 한쪽 주차선 안으로 가지런히 주차되어 있었다. 그리고 또 한 가지, 지숙의 눈에 들어 온 것은 그 차 와이퍼에 편지가 꽂혀 있었다.

지숙은 얼른 편지를 읽어 보았다.

윤지숙님께

먼저 그동안 있었던 저의 불찰로 인해 불편을 끼쳐드린 점 깊이 사과드립니다. 윤지숙 씨의 메모를 읽고 한동안 부끄러운 마음에 몸 둘 바를 몰랐습니다. 그런데 한 가지 말씀드리는 것은 거기엔 그만한 이유가 있었습니다. 사실 저는 운전면허를 딴 지 얼마 되지 않아 주차하는 데 많은 어려움을 겪고 있습니다. 그러다 보니 본의 아니게 주차 공간을 넓게 차지하게 되었습니다. 윤지숙 씨의 편지를 읽고 이유야 어떻든 제 생각만 한 것 같아 거듭 죄송합니다.

오늘도 주차하느라 많은 애를 먹었지만 똑바르게 주차하고 보니 마음이 뿌듯해지기까지 하군요. 진즉에 자신을 갖고 주차를 했더라면 더 빨리 주차에 자신감을 가졌을 텐데, 이런 생각을 하지 못한 저에게 자신감을 갖도록 해주셔서 감사하게 생각합니다.

저는 이수영이라고 합니다. 언제 한번 따뜻한 식사라도 대접하고 싶습니다. 시간이 정해지시면 저에게 전화를 주시기 바랍니다.

편지를 읽고 난 지숙의 얼굴에는 박꽃보다 더 하얀 미소가 사르르 피어올랐다. 지숙은 가슴을 따스하게 하는 그 편지로 인해 '이해란 참으로 귀한 마음의 선물'이라는 것을 새삼 깨달을 수 있었다.

사람들은 살다 보면 때로는 사소한 오해로 인해 반목하고 서로를 질책하는 경우를 종종 겪게 되는데, 그것은 상대방에 대한 이해가 부족한 데에서 기인한 것이다. 따라서 사소한 오해로 빚어지는 불필요한 상황을 만들지 않기 위해서는 한 번 더 상대방을 이해해주는 미덕을 가질 필요가 있다.

사람이 모든 동물 중에 최고의 자리에 있는 까닭은 사람은 자신이 한 일에 대해 잘잘못을 가릴 줄 아는 지혜를 가졌기 때문이다.

일상생활에서 예기치 않는 일이 생겨, 말로 할 수 없을 땐 편지를 써라. 편지는 의외로 좋은 결과를 낳는 중요한 소통 수단이다.*

말로 하기 어려운 것은 편지로 하기

문제를 해결할 때 잘못된 말로 인해 상황이 더 악화하는 것을 종종 보게 된다. 왜냐하면 마주 보고 말하는 상황에서는 감정이 개입되어 흥분하게 하기 때문이다. 이런 경우 가장 좋은 방법은 편지를 활용하는 것이다.

소통의 귀재 링컨도 편지를 이용해서 문제를 해결하곤 했다. 편지는 감정을 개입시키지 않고 쓸 수 있어, 상대방에게 불쾌감을 주지 않는다. 부부 싸움 후 편지를 이용하면 효과가 매우 크다. 물론 여기에 필요한 것은 진정성을 보이는 것이다.

가족 사이나 친구 사이, 직장 동료 사이, 선후배 사이에 생긴 문제를 푸는 데는 편지가 단연 최고다.

사람들은 누구나 본의 아니게 문제를 만들 수 있다. 그런 경우 말로 해서 안 될 때는 편지를 써라.

나는 할 수 있다는
긍정의 소통

영원히 살 것처럼 꿈꾸고 오늘 죽을 것처럼 살아라.
―제임스 딘

긍정은 매사를 능동적으로 생각하고 행동하게 한다. 긍정은 생산적인 마인드이며, 창의적인 마인드이다. 모든 창의는 긍정에서 온다. 뉴턴이 떨어지는 사과를 보고 '만유인력의 법칙'을 발견하는 것도 긍정에서 왔고. 크라이슬러가 자동차를 만든 것도 긍정에서 왔다. 긍정은 모든 것을 가능하게 한다.

이러한 긍정은 소통에 있어서 매우 중요하다. 긍정적인 마인드를 가진 사람은 사람들과의 교류에 있어 훨씬 소통이 잘 이루어진다. 매사를 긍정적으로 생각하다 보니, 상대에게 긍정의 에너지를 불어 넣어준다.

생각해보라. 긍정의 말을 하고 긍정의 기운을 불어넣어 주는데 어떻게 그 사람과의 소통을 단절할 수 있을까. 긍정은 소통을 매끄럽게 해줌으로써 좋은 관계를 유지해 주는 '선善의 소통'이다.

사업에 실패하고 아내에게 버림받은 남자가 있었다. 사업이 실패한 것만으로도 너무 힘든데 사랑하는 아내에게마저 외면을 당하고 나니 희망이 없어졌다. 그는 아내와의 아름다운 추억이 있는 동해東海로 갔다. 탁 트인 바다를 보자 자신도 모르게 눈물이 흘러내렸다. 아내와의 추억이 생각난 것이다. 얼마간 눈물을 흘린 그는 자리에서 일어나 언덕으로 올라갔다. 그리고는 바다를 향해 몸을 던졌다. 그런데 마침 그가 물에 빠진 것을 보게 된 남자가 있었다. 남자는 몸을 날려 바다로 뛰어들어 그를 끌고 밖으로 나왔다.

그리고 그를 인근에 있는 술집으로 데리고 갔다.

"자, 한잔하시오."

남자가 그에게 술을 따라주었다. 그러자 그가 흐느끼기 시작했다.

"무슨 일인지는 모르겠으나 하나뿐인 목숨을 그렇게 버려서는 안 되지요."

남자는 이렇게 말하며 술을 따라 들이켰다.

"절 죽게 내버려 두시지요."

그가 흐느끼며 말했다.

"죽을 만큼 힘들다고 죽어야 한다면 아마도 이 세상 사람 삼분의 일은 다 죽어야 할 거요. 나 또한 당신과 같은 시절이 있었으니까."

남자의 말에 그가 눈물을 닦으며 말했다.

"그게 정말이세요?"

"그렇소. 나 역시 죽으려고 했지만, 누군가의 도움으로 살아났지요. 그리고 나는 그분의 도움으로 새롭게 인생을 시작했소. 그리고 지금은 중소기업을 운영하고 있소. 그분은 바로 내 장인어른이오."

남자가 술을 따르려고 하자 그가 술병을 받아들고 따랐다. 남자는 단숨에 술을 들이켜고, 말을 이어나갔다.

"만일 장인어른이 아니었다면 나는 이 세상 사람이 아니지요. 그런데 한 가지 내가 깨달은 것이 있소. 죽지 않고 살아나니 더욱 살아야겠다는 생각이 간절해집디다. 그래서 몸이 부서지도록 일했지요. 그런 나를 보고 사위로 삼고 회사까지 물려주시더군요. 그 은혜에 보답하기 위해 열심히 노력해 회사를 몇 배나 키웠지요. 지금나는 부러울 게 없소. 아내와 두 아이가 있지요, 회사 탄탄하지요, 그러니 무엇이 부럽겠소. 내 자리를 하나 마련해 줄 테니 죽을 용기로 사시오. 그러면 옛말하며 살날이 올 거요."

그 후 그는 남자의 회사에서 열심히 일했다. 그리고 2년 뒤 15톤짜리 덤프트럭을 사서 사업을 하였다. 성실한 그는 열심히 노력한 끝에 덤프차를 2대나 더 장만하였고, 3년 뒤엔 10대로 늘어났다. 그는 40평이 넘는 아파트에서 사는, 수십 억대의 부자가 되었다. 그리고 이혼한 아내와 재결합하여 행복한 삶을 살고 있다.

그가 죽음의 끝자락에서 살아남을 수 있도록 도움을 준 남자의 긍정적인 에너지가 그를 긍정적으로 변화시킨 것이다.

긍정적인 사람과의 교류는 긍정의 소통이다. 그런 까닭에 언제나 소통이 활발하고 소통에 적극적이다. 자신이 긍정적인 삶을 살고 싶다면 긍정적인 사람과 소통하라.

잘되는 사람들 주위엔 긍정적인 마인드를 가진 사람들로 포진해 있다. 긍정과 긍정이 교류함으로써 더 강력한 긍정의 에너지가 발생한다. 그러니 어찌 잘되지 않을 수 있을까.

부정적인 사람과의 교류는 자신을 부정적으로 만든다. 그래서 부정적인 사람과의 교류는 부정적인 소통일 수밖에 없다.

자신이 진정 잘되고 싶다면 매사에 긍정적인 사람과 소통하라. 그것이 자신이 잘될 수 있는 가장 확실한 방법이다.＊

소통의 근육, 긍정의 마인드 갖기

긍정의 마인드를 가진 사람은 최악의 순간에도 희망을 잃지 않는다. 칠레에서 광산이 무너졌을 때 그들이 모두 살아날 수 있었던 것은 긍정의 마인드를 가진 책임자 때문이었다. 죽음의 공포에 사로잡힌 사람들이 긍정의 마인드를 가진 책임자의 말을 따르자 긍정의 마인드로 변한 것이다. 그러자 그들은 살 수 있다는 희망을 갖게 되었고, 마침내 모두 다 살아날 수 있었다. 이를 보더라도 '긍정의 힘'이 참 위대하다는 것을 알 수 있다.

긍정적인 사람과의 교류는 긍정의 소통이다. 자신이 잘되고 싶다면 매사를 긍정적으로 생각하는 사람과 교류하라.

긍정은 부정을 희망으로 바꾸는 '소통의 근육'이다.

다이아몬드보다
찬란한 보석, 인연

●

사람의 가치는 타인과의 관계로서만 측정될 수 있다.
— 프리드리히 니체

나이를 한 살 한 살 먹어갈수록 인연이 참 소중하다는 생각이 간절해진다. 그만큼 인생을 살아가는 데 있어 인연의 가치를 뼈저리게 실감하기 때문이다. 인연의 소중함이 절실해지는 여러 가지 이유 중 특히, 누구를 만나느냐에 따라 인생이 달라지는 경우가 많다. 그러기에 인연을 소홀히 한다는 것은 자신에게 찾아오는 소중한 기회를 날려버리는 거와 같다.

인연의 소중함으로 삶을 아름답게 살았던 사람들도 있고, 그 반대로 살았던 사람들도 많다. 인연을 중요시하여 인생을 즐기며 성공한 삶을 살았던 사람들의 이야기이다.

《생각하라 그러면 부자가 되리라》, 《나의 꿈 나의 인생》의 저자
이자 탁월한 동기부여가인 나폴레온 힐.

그는 젊은 시절 기자를 했다. 취재로 알게 된 당시 최고의 부자
였던 앤드류 카네기와의 만남은 그의 인생을 완전히 바꾸어 놓았
다. 카네기는 많은 사람에게 부자가 되는 방법에 관해 연구할 것을
권고했지만, 모두가 그의 말을 귓등으로 흘려보냈다. 하지만 단 한
사람, 나폴레온 힐은 카네기의 말을 실천에 옮기기 시작했다. 어려
움도 있었고, 능력의 한계를 느끼고 좌절하기도 했지만, 끝까지 포
기하지 않고 최선의 노력을 다한 끝에 베스트셀러 작가가 되고, 최
고의 자기계발 전문가가 되어 성공한 인생이 되었다. 지금도 그가
쓴 책은 계속 팔리며 사랑을 받고 있다.

그가 이처럼 성공한 인생이 될 수 있었던 것은 카네기와의 인연
을 소중히 여겼기 때문이다.

제2차 세계대전의 영웅이자 '철의 장막'이란 말로 유명한 윈스턴
처칠.

귀족이었던 소년 처칠이 방학을 맞아 시골 별장에서 지내던 중
수영을 하다 그만 발에 쥐가 나고 말았다. 몸이 말을 듣지 않은 상
태에서 그는 소리쳐 구원을 요청했다. 그때 쏜살같이 물로 뛰어든
소년이 있었다. 소년의 도움으로 목숨을 구한 처칠은 소년과 친구
가 되어 편지를 주고받으며 우정을 쌓았다.

처칠은 의사가 되고 싶었지만, 집안 형편이 어려워 공부를 할 수

없었던 소년의 꿈을 이루게 해주기로 마음먹고 아버지에게 도움을 요청했다. 그렇게 해서 처칠의 도움으로 런던에 와서 공부하게 된 소년은 마침내 자신이 꿈꾸었던 의사가 되었다.

의사가 된 소년은 연구 과정에 푸른곰팡이를 발견하고, 그는 그 것을 통해 신비의 약을 만들었다. 그 약이 바로 유명한 페니실린이 었다. 페니실린의 발명은 당시로서는 획기적인 사건이었다. 하루 아침에 세계적으로 유명인사가 된 그는 전쟁 중에 생사를 오가던 처칠을 살려냈다. 처칠은 그의 도움으로 두 번이나 죽음의 문턱에 서 살아남은 억세게도 운이 좋은 사람이다. 그 소년이 바로 알렉산 더 플레밍이다.

처칠과 플레밍은 세계적으로 성공한 인물이 되었다. 한 사람은 뛰어난 정치가로, 또 한 사람은 의학자로.

그리고 둘 다 노벨상을 받았는데 처칠은 노벨문학상을, 플레밍 은 노벨의학상을 받았다. 여러모로 볼 때 둘은 아주 각별하고도 아름다운 인연이 아닐 수 없다. 두 사람은 하늘이 맺어 준 인연이 었다.

소설 《크리스찬》, 《판사》, 《맨 섬 사람》의 작가인 홀 캐네.

그는 대장장이의 아들로 태어나 8년 동안 공부한 것이 전부다. 그랬던 그가 베스트셀러 작가가 될 수 있었던 데에는 아주 소중한 인연이 있었기 때문이다.

홀 캐네는 소네트와 민요를 좋아해서 즐겨 읽었다. 어느 날 그는 편지를 써서 당시 영국의 최고 시인이었던 로세티에게 보냈다. 편지는 그를 높이 찬양하는 존경심으로 가득했다. 편지를 본 로세티는 당장 그를 런던으로 불러올렸다. 그는 로세티의 비서가 되어 그를 보필하며 글쓰기를 공부할 수 있었다. 그리고 오랜 습작을 통해 소설을 발표하여 소설가가 되었다.

편지 한 장이 인연이 되어, 로세티의 지도를 받고 그의 도움으로 소설가가 되고, 책을 내고 베스트셀러 작가가 된 홀 캐너. 그는 인연의 혜택을 톡톡히 누린 사람이었다.

인연은 참으로 아름답고 종교보다도 거룩한 인생의 꽃이다.

카네기와 나폴레온 힐, 처칠과 플레밍, 로세티와 홀 캐네 등은 하늘이 맺어 준 인연이다. 지금 이 순간 자신을 점검해 보라. 자기 주변에 있는 사람 중 누가 자신에게 소중한 인연인지를. 그리고 있다면 그를 소중히 하라. 그를 소중히 하는 만큼 되돌려 받는 게 인연의 법칙이다.

당신은 어떤 사람이기를 원하는가.

당신은 누군가에게 소중한 인연이 되고, 당신만큼은 인연을 소중히 여기는 사람이 돼라. 인연은 다이아몬드보다 빛나는 보석이다.*

인연, 아름다운 가치

사람은 혼자서는 살 수 없는 존재다. 하나님께서는 인류를 창조할 당시 더불어 살아가도록 했다. 더불어 살아간다는 것은 타인과 함께하는 마음이 함께할 때만이 가능하다. 그만큼 더불어 살아간다는 것은 아름답고 소중한 일이다.

사람과 사람이 만나는 것은 인연이 작용하는 일이다.

'나와 너', '너와 나'는 인연의 끈이 작용할 때만이 맺어지는 것이다. 이렇게 해서 맺어진 인연을 소중하게 여기면 서로에게 좋은 에너지가 작용하게 된다. 그래서 서로를 잘되게 하고, 아름다운 관계를 이어간다. 인연은 인간관계를 소중하게 하는 '소통의 다이아몬드'이다.

인연을 소중히 하라. 인연을 소중히 여기는 자에게 삶은 아낌없는 사랑을 선물한다.

마음을 사로잡는
맑고 활기찬 목소리

●

목소리는 그 사람만의 트레이드마크이다.
— 저자

목소리가 사람에게 미치는 영향은 의외로 크다. 매력적인 목소리는 듣는 사람의 마음을 편안하게 하고, 기분 좋게 한다. 그래서 그 사람에게 호감을 느끼게 한다. 그러나 듣기 거북한 목소리는 감정을 상하게 할 만큼 기분을 다운시킨다. 그래서 그 사람하고의 대화를 피하게 된다.

매력적이고 좋은 목소리는 소통을 하는 데 있어 긍정적으로 작용한다. 남자의 경우는 중저음에 보통 속도의 목소리가, 여성의 경우는 하이 보이스에 맑고 경쾌한 목소리가 매력적이다.

목소리가 좋으면 그것만으로도 소통에 있어 유리한 입장에 설 수 있다. 좋은 목소리를 가졌다는 것은 축복이 아닐 수 없다.

내가 D시에 살 때 일이다. 그때 우리 아이 주치의主治醫는 나이가 60이 넘은 의사였다. 그는 오랜 시절 군의관으로 있다 예편하고 소아과병원을 차렸다. 그는 오랜 군 생활로 인해 관료적인 분위기가 물씬 풍겼지만, 할아버지의 마인드로 진료해 우리는 그 병원을 이용하였다.

그리고 또 한 가지 이유는 그 병원 의사 부인의 친절한 매너도 한몫했다. 부인은 55세가 된 나이에도 목소리가 그야말로 옥구슬 굴러가는 소리가 날 만큼 맑고 곱다. 듣는 것만으로도 사람의 마음을 기분 좋게 했다. 거기다 상냥하고 친절하기까지 하니 사람들이 좋아하지 않을 수 없었다. 남편이 하지 못하는 부분을 아내가 채워 주는 격이랄까, 아무튼 난 그녀의 목소리와 친절함이 참 좋았다.

"어서 오세요. 오늘은 두 분이 너무 좋아 보이시네요."

두 부부가 사이좋게 들어오면 언제나 이 같은 멘트를 날린다.

"커피 한잔하시겠어요?"

가끔은 커피를 뽑아다 주기도 한다. 그러면 사람들은 그녀의 친절에 고마워하며 화기애애한 분위기가 된다.

"안녕하세요? 잘 지내시죠? 아기는 건강하게 잘 크죠?"

그녀는 아이의 생일날이나 특별한 날에 자주 이용하는 고객들에게 전화를 걸어 축하 인사를 하거나 안부 전화를 한다. 톡톡 튀는 맑은 하이 보이스가 주는 기분 좋음은 그 병원을 자연스럽게 이용하게 만든다.

"아이, 예뻐. 내가 한번 안아볼까?"

아이를 안아주며 어르기도 하고, 최대한 관심을 보여준다. 그러면 아이 엄마들은 그녀의 친절함과 자상함에 아파하는 아기로부터 받은 스트레스를 풀면서 대기한다.

의사 부인 중 그녀처럼 소박하고 허물없는 사람을 본 적이 없다. 그만큼 인간적이고 사람을 편안하게 대해준다.

그 병원을 자주 이용하는 사람 중엔 의사보다도 그녀를 보고 가는 경우가 더 많다. 우리 또한 그랬으니까.

사람을 기분 좋게 하는 것도 능력이다.

유머 감각이 뛰어나 기분 좋게 하든, 상냥하고 친절해 기분 좋게 하든, 인상이 좋고 목소리가 좋아 기분 좋게 하든, 서비스가 좋아 기분 좋게 하든, 사람을 기분 좋게 한다는 것은 인간관계에서 매우 유리하다.

생각해보라. 같은 진료비를 들이고 기분 좋게 진료받는 것과 그냥 덤덤하게 진료받는 것과 어느 것이 더 바람직한가를.

아주 오래전 일이지만 두고두고 기억에 남는 것을 보더라도, 좋은 이미지는 오래오래 마음에 남아 언제든지 재생된다는 것을 알 수 있다.

놀이 공원에 갈 때, 행사장에 갈 때, 114 안내를 받을 때, 비행기를 타고 갈 때 활기차고 맑은 목소리로 안내할 때 듣는 이들의 귀는 즐겁다. 맑고 활기찬 목소리엔 기분을 업up시키는 에너지가 들어있다.

라디오 진행자의 목소리가 좋을 때 그 프로그램에 빠져드는 확률
이 높은 것도, 좋은 목소리는 자꾸 들어도 질리지 않기 때문이다.

좋은 목소리는 천성적으로 타고난다. 하지만 반복적인 연습으로
얼마든지 개선할 수 있다.

너무 짙은 허스키한 목소리가 아니라면 자신의 노력 여하에 따
라 얼마든지 좋은 목소리를 만들 수 있다.

좋은 목소리로 말하라.

좋은 목소리는 인간관계를 더욱 매끄럽게 만들어 소통을 하는
데 도움을 준다.

맑고 활기찬 목소리는 소통을 원활하게 하는 소통의 탄수화물
이다.*

좋은 목소리는 소통을 원활하게 한다

좋은 목소리는 소통에 있어 매우 유리하다. 상대방의 마음을 기분 좋게 하고 편안하게 해준다. 소통은 편안하고 기분 좋은 분위기에서 더욱 자연스러워진다.

좋은 목소리는 선천적으로 타고난 것이다. 하지만 꾸준히 연습함으로써 얼마든지 좋은 목소리를 만들 수 있다. 114 안내원들을 보자. 그들의 목소리는 하나같이 음색과 톤이 비슷하다. 이는 기본적인 목소리 톤에 맞춰 연습을 통해 만들어진 목소리라는 걸 알 수 있다.

사람이 하려고 하면 안 되는 것은 없다. 다만 자신의 노력 여하에 따라 결과는 달라진다. 인간관계를 매끄럽게 한다는 것은 소통을 잘한다는 것이다.

좋은 목소리가 소통의 중요 수단임을 잊지 말라.

참 좋은 소통의 말

01

말이란 꼭 많이 해야만 잘하는 것이 아니다. 세상의 모든 만물은 말하지 않아도 제 몫을 잘 해낸다. 꽃이 말하는 것을 보았는가? 해와 달이 말하는 것을 보았는가? 당연히 못 봤을 것이다. 하지만 그들은 자기의 일을 잘 해낸다. 사람의 말도 이와 같다. 말을 많이 한다고 해서 다 쓸모가 있는 것은 아니다. -묵자

02

통하는 대화의 비결은 간단하다. 상대방이 말할 때 주의 깊게 듣는 것이 중요하다. -찰스 W. 엘리어트

03

욕구불만에는 행동의 참된 동기를 숨기고 매우 그럴듯한 이유를 들어 자신의 마음을 상대방에게 알리지 않으려는 심리가 숨겨져 있다. 다시 말해 자신의 욕구가 충족되지 않을 때 상대를 비평함으로써 내심 자기만족을 얻고자 하는 저의가 숨겨져 있다.
-타고 아키라

04

비평은 무익한 것이다. 그것은 사람을 방어하도록 만든다. 그리고 그가 스스로를 합리화하도록 만든다. 그래서 비평은 위험한 것이다. 왜냐하면 그것은 사람의 자존감을 상하게 하고, 감정을 해치고, 분개심을 일으키기 때문이다. - 데일 카네기

05

사람들에게 열성을 심어주는 수단은 나의 제일가는 재산이라고 생각한다. 사람들에게 최선을 다하게 하는 것은 마음을 열고 진정으로 격려하고 칭찬하는 것이다. 그러나 사람의 능력을 죽이는 것은 비난하고 지배하려는 것이다. 나는 누구도 비평하지 않는다. 나는 성심성의로 상대방을 인정한다. - 찰스 스왑

06

성공의 비결이 있다면 그것은 남의 입장에 설 줄 아는 지혜이다. 그리고 자신의 입장처럼 남의 입장을 이해한 다음 매사를 객관적으로 처리하는 것이다. - 헨리 포드

07

문제의 상황을 상대방의 입장에 서서 바라본다는 것은 매우 어려운 일이지만, 그것을 해내는 능력이야말로 교섭자가 지녀야 할 가장 중요한 자질이다. 상대방이 자기와 다른 눈으로 사물을 바라보

고 있다는 사실을 아는 것만으로는 충분하지 않다. 상대방의 견해
를 바꾸고 싶다면 우선 상대방이 어느 정도 완고하게 그 견해를 주
장하고 있는가를 이해하고, 그 마음을 알려고 노력할 필요가 있다.
−로서 피셔

08
많은 사람이 좋은 첫인상을 주지 못하는 것은 상대방의 말을 정중
하게 들을 줄 모르기 때문이다. − 이삭 F. 말코슨

09
다른 사람에게 관심을 가지지 않는 사람이 가장 큰 인생의 어려움
을 가진 사람으로, 다른 사람에게 가장 큰 해를 입히는 사람이다.
인간의 모든 실패의 원인은 관심을 갖지 않기 때문이다.
−알프레드 애들러

10
만일 당신이 논쟁, 언쟁, 반박을 하면 흔히 승리를 거둘 수 있다.
그러나 그것은 무익한 것이다. 당신은 상대방의 호의를 절대로 받
을 수 없기 때문이다. −벤저민 프랭클린

11
'아니오'라는 대답은 가장 극복하기 어려운 핸디캡이다. 만일 누군

가가 '아니오'라고 말했다면 그는 자부심으로 인해 계속 그 상태에 머물기를 고수할 것이다. 나중에 '아니오'라는 말이 잘못된 것임을 알아도 그는 자존심 때문에 그것을 고수하는 우를 범할 것이다.

– 하리 A. 오버스트리트

12

행동은 감정을 따르는 것처럼 보인다. 하지만 행동과 감정은 동시에 작용하는 것이다. 의지의 직접적인 지배를 받는 행동을 조정하면 우리는 의지에 직접적인 지배를 받지 않는 감정을 조절할 수 있을 것이다. 그러므로 밝은 사람이 되려면 먼저 밝은 사람처럼 행동해야 한다. – 윌리엄 제임스

13

내가 만나는 모든 사람은 어떤 면에서는 나보다 우월하고 매력적이다. 그런 점에서 나는 그들로부터 배우는 것이다.

– 랠프 왈도 에머슨

14

사람은 누구나 존경해 주면 쉽게 다가갈 수 있다. 즉 어떤 능력에 대해서 존경심을 보여주면 당신의 말을 잘 듣게 될 것이다.

– 사무엘 바울크레인

15
자기 자신만 생각하는 사람은 미안하지만, 무식한 사람이다. 아무리 훌륭한 교육을 받았다고 해도 그는 지성인이 아니다.
－니콜라스 무래이 바틀라

16
남의 입장을 이해할 줄 아는 사람은, 그리고 상대방의 마음이 어떻게 움직이고 있는가를 아는 사람은 자기의 미래에 관해서 걱정할 필요가 없다. －오엔 D. 영

17
중요한 것은 말하는 것이나 희망하는 것, 바라는 것이나 의도하는 것이 아니라 행동하는 것이다. 당신의 선택이 실질적으로 당신이 어떠한 사람인지 확실히 말해준다. － 브라이언 트레이시

18
다른 사람이 나에게 흥미를 가지도록 하기 위해 2년 동안 노력하는 것보다 자신이 먼저 솔선수범해서 2개월간 다른 사람에게 관심을 가져준다면 더 많은 친구를 만들 수 있을 것이다. －데일 카네기

참 좋은 소통의 지혜

초판 1쇄 인쇄 2021년 4월 19일
초판 1쇄 발행 2021년 4월 22일

지은이 김옥림
펴낸이 이태선
펴낸곳 창작시대사

주소 경기도 고양시 일산동구 장백로 20 동문굿모닝힐 102동 905호 (백석동)
전화 031-978-5355 **팩스** 031-973-5385
이메일 changzak@naver.com
등록번호 제2-1150호(1991년 4월 9일)

ISBN 978-89-7447-241-2   03190